心理カウンセラーをめざす人の本

臨床心理士
公認心理師 **新川田 譲** 監修

'24年版

成美堂出版

心理カウンセラーをめざす方へ

心理学がブームです。その流れに乗り、大学や専門学校などでも心理学を学べる機会が増えており、嬉しく思われる反面、懸念されるのが「心理学の安売り」です。「相談にのるのが得意だから」「聞き上手とよく言われるから」という動機で心理学を学ぼうとする人は少なくありません。実際は、そのこととカウンセリングができることとは別の話ですが、誤った自己主張が横行し、他人の話を聞けない人が増えている昨今、相手が安心して相談できる雰囲気が自然と身についていると考えられる、その素晴らしい個性の持ち主は心理カウンセラーに向いていると言えると思います。

しかし、そのような資質は心理カウンセラーの絶対条件ではありません。心理療法には、来談者（クライアント）中心療法、精神分析療法、行動療法、論理療法、集団療法など、さまざまな技法があります。また、子どもを対象とした遊戯療法のような、相談者の年齢に配慮した関わり方もあります。いささか乱暴な表現をしますが、語弊を怖れずに言えば、相談者のことを思いやる気持ちさえあるのなら、自分にあった技法で関わることができるのです。つまり、人間に関心があるのなら、老若男女を問わず、どんな人もカウンセラーになる素質を持っていると言えるでしょう。

ただ、どんなことでもそうだと思いますが、やはりそこは基礎理論を学ぶことが必要です。それは心理カウンセラーになるという目標の、スタートラインに立つことだと言えます。その目的地までの道のりはたやすくはありませんが、到達後も、今までにない事例に遭遇した場合などは、そこで文献を調べたり、スーパーバイズを受けたり、論文にしたりするなどして、日々精進することが望まれます。したがって、実は心理カウンセラーになることはゴールではなく、通過点に過ぎません。心理カウンセラーの仕事とは、理論と実践の繰り返しの日々を過ごすことなのです。

本書を手にとった読者のみなさんがその覚悟を持ち、素晴らしい心理カウンセラーになることを心から願います。また、本書でモチベーションを高め、さらに心理学やカウンセリングについて詳しく知りたい方への一助となるような映画を載せました。参考にして下されば幸いです。

令和5年11月

監修者
臨床心理士、公認心理師
新川田　譲

CONTENTS

心理カウンセラーをめざす方へ ……………………………………………… 3

Session 1 絶対カウンセラーになりたい！

Part 1 心をケアするってどんな仕事？ …………………… 8

心理カウンセラーについて知っておこう ………………… 8
職業としての心理カウンセラー ………………………… 11
国家資格「公認心理師」 ………………………………… 13
ボランティアとしての心理カウンセラー ……………… 14
将来は個性を活かして独立開業したい ………………… 15
心理カウンセラーに求められること …………………… 17
私はカウンセラーに向いている？ ……………………… 18
●●● コラム　カウンセラーと似ている職業との違いって？ ……… 20

Part 2 社会が求めているカウンセラー …………………… 22

専門性のあるカウンセラーをめざせ ①
　　　スクールカウンセラーの役割 ……………………… 24
専門性のあるカウンセラーをめざせ ②
　　　産業カウンセラーの役割 ………………………… 28
専門性のあるカウンセラーをめざせ ③
　　　期待される女性心理カウンセラー ………………… 30
●●● コラム　カウンセリング先進国に学ぶ ………………… 33
☆必見！映画で心理学 ① ……………………………… 34

Session 2 ここからはじめよう心理学入門

Part 3 カウンセリングの基本を学ぼう ………………… 36

代表的な心理療法を知ろう ……………………………… 38
●●● コラム　カール・ユング　意識と無意識 ……………… 44

Part 4 心理学がわかる基礎用語 ……………………… 46

カウンセリングを知る用語 ……………………………… 46
心理療法に関する用語 …………………………………… 48
集団療法を知る用語 ……………………………………… 50
精神分析を知る用語 ……………………………………… 51
心身の発達に関する用語 ………………………………… 53
心におけるさまざまな状態・症状 ……………………… 56

4

その他の心理に関する用語 ……………………………………… 58
☆必見！映画で心理学 ② …………………………………… 60

Session3 カウンセラーの仕事現場より

Part 5 カウンセラーの仕事の実態 ……………………… 62

① 医療分野の心理職 ………………………………………… 63
② 教育分野の心理職 ………………………………………… 64
③ 司法分野の心理職 ………………………………………… 65
④ 福祉・公衆衛生分野の心理職 ………………………… 66
⑤ 産業分野の心理職 ………………………………………… 68
⑥ 研究（大学）分野の心理職 ……………………………… 69
●●●コラム　カウンセラーの仕事をゲットするために ………… 70

Part 6 カウンセラーへのインタビュー ……………… 72

Counselor's Talk-1
子どもたちの言葉にならない心の声を伝えたい
倉信友歌／スクールカウンセラー　臨床心理士 ……………… 72

Counselor's Talk-2
めざすのは働く喜びを分かち合えるカウンセラー
荒川久美子／産業カウンセラー　キャリアコンサルタント……… 76

Counselor's Talk-3
地域の人々の心の相談役として
人見健太郎／みとカウンセリングルームどんぐり　所長　臨床心理士………… 80

Counselor's Talk-4
大切なことは強い意志　人を思う心が問われる仕事
福島哲夫／大妻女子大学教授　公認心理師、臨床心理士………… 84

監修者の独りごと「全てから学べ！」……………………… 87
☆必見！映画で心理学 ③ …………………………………… 90

Session4 プロのライセンス 資格をとる！

Part 7 心理カウンセラーのライセンスをとる！ ………… 92

1．公認心理師 ………………………………………………… 94
2．臨床心理士 ………………………………………………… 98
3．カウンセリング心理士 ………………………………… 102
4．精神保健福祉士 ………………………………………… 105
●●●コラム　自分でできるリラックス法　自律訓練法 ………… 108
5．交流分析士（協会認定）………………………………… 110
6．心理相談員 ……………………………………………… 113

5

7. 家族相談士 ……………………………………… 116
8. 産業カウンセラー ……………………………… 118
9. 学校心理士 ……………………………………… 121
10. 教育カウンセラー ……………………………… 124
11. 臨床発達心理士 ………………………………… 126
12. 認定心理士 ……………………………………… 128
13. 応用心理士 ……………………………………… 130
日本臨床心理士資格認定協会　第1種指定大学院一覧 ………… 132
日本臨床心理士資格認定協会　第2種指定大学院一覧 ………… 141
臨床心理士養成のための専門職大学院一覧 ……………… 142

Session 5 大学・大学院で心理学を学ぼう！

Part 8 知っておくべき心理学の分野いろいろ ………… 144

心理学の知識を活かせる分野 ……………………………… 146
臨床心理学　教育心理学 …………………………………… 147
発達心理学　認知心理学 …………………………………… 148
犯罪心理学　社会心理学 …………………………………… 149
産業心理学　人格心理学 …………………………………… 150
家族心理学　知覚心理学 …………………………………… 151
青年心理学　動物心理学　生理心理学 …………………… 152
健康心理学　災害心理学 …………………………………… 153
●●●コラム　遊び心と好奇心の人〜森田療法の創始者：森田正馬〜 …… 154

Part 9

心理学に関する主な学会一覧 ……………………………… 155
現代人の悩みやストレス …………………………………… 156

資料 エゴグラムで性格診断！ 今まで知らなかった自分に気づく ………… 157

未来のカウンセラーたちへ ………………………………………… 166

※本書は、原則として2023年10月現在の情報に基づいて編集しています。掲載内容については変更の可能性がありますので、必ずご自身で最新情報を確認してください。また、インタビューページのお名前・プロフィール・内容などは取材時のものであり、現在の情報とは異なる場合があります。

Session 1
絶対カウンセラーになりたい！

Part-1　心をケアするってどんな仕事？

Part-2　社会が求めているカウンセラー

Session-1
心をケアするってどんな仕事？
資格カウンセラーからボランティアまで

心理カウンセラーについて知っておこう
◆適性や希望と仕事の内容をチェックして

　現代は、ひきこもりやPTSD（心的外傷後ストレス障害）、不登校、摂食障害など、心理に関する問題で苦しむ人々が数多くいます。そして昨今の震災や水害、そしてコロナ禍などによっても、心理的な不調を訴える人々は増加しています。それだけ、心に負担のかかる場面が多い時代だといえるでしょう。

　心理的に不調をきたしているとき、また、自分一人では解決できそうにない悩みが生じたときなどに、**心理面からサポートをしてくれるスペシャリスト**として、心理カウンセラーが求められています。現在の社会的背景を考えれば、心理カウンセラーの需要の高まり、そして心理カウンセラーをめざす人の増加も当然のことだといえるでしょう。

　本書では、資格のある心理カウンセ

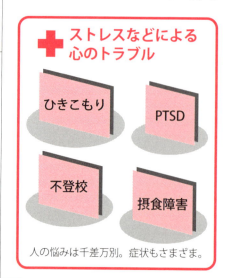

ストレスなどによる心のトラブル
ひきこもり／PTSD／不登校／摂食障害
人の悩みは千差万別。症状もさまざま。

まずは心構えが大切。未来の頼れるカウンセラーをめざそう！

ラーから、心理面のサポートにボランティアとして関わることまで、広義に取り上げます。

心理カウンセラーは、一見華やかに思われがちな職業ですが、イメージに流されるのは禁物です。心理カウンセラーがより広く正しく社会的に認知されるかどうかは、これからなる人の姿勢にかかっているのですから、スタート時点でのしっかりした心構えが必要です。

✳ 期待される心理カウンセラー

心理カウンセラーは心身ともにハードな職業にもかかわらず、収入面や就労体制などではメリットが少ないのが現状です。それでも社会から大きな関心を集めているのは、人は物質的な満足よりも、「心」の交流によって満たされたいからなのではないでしょうか。社会のニーズに応えるためにも、相応の知識と経験と技術を持った、優秀なカウンセラーが早急に求められているのも事実です。

✳ どんな心理カウンセラーになりたい？

心理カウンセラーが働く領域は、医療・教育・産業・福祉・司法など多岐にわたっています。しかし、心の問題は複雑で、それらの領域に容易に分類できるものではありません。したがって、心理カウンセラーには自身の専門分野を超えた知識を伴う働きが必要になることが多くあります。また、職務領域が他職種と重なる部分が多いために、他分野や他職種の人たちと連携することも少なくありません。

心理カウンセラーをめざすなら、今までの経験や学んだことをもとに、自分の適性や希望する専門を、実際の仕事の内容とあわせて、しっかり検討しておく必要があるでしょう。

カウンセラーの活躍の場

- 病院クリニック
- 学校
- 鑑別所裁判所
- 老人福祉施設
- 地震などの被災地
- 企業や民間の相談室
- etc.

これからますます広がる活躍の場。

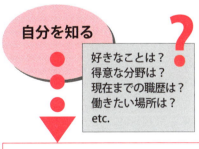

自分を知る
- 好きなことは？
- 得意な分野は？
- 現在までの職歴は？
- 働きたい場所は？
- etc.

公認心理師をめざす！
臨床心理士をめざす！
精神保健福祉士をめざす！
カウンセリング心理士をめざす！
産業カウンセラーをめざす！

自分の興味や適性から進む専門を探そう。

Session-1

Part 1 心をケアするってどんな仕事？

✳ 3タイプの心理カウンセラー

現在心理カウンセラーとして活躍している人のタイプは大きく次の3つに分けられます。

まず、①大学や大学院で心理学を学び、**公認心理師や臨床心理士などの資格を**取得して、心理カウンセラーとして活動しているタイプで、一番オーソドックスなかたちです。

次に、②すでに何らかの職業に就いていて、各学会や協会などの講座を受けて、**心理カウンセラー資格**を取得したタイプです。企業の人事担当者、教師、看護師、福祉関係者などが、カウンセリングの知識を本業で活かしています。

そして、③一通りの心理学の基礎知識を身につけ、資格の有無に関係なく、**人生経験を活かして**カウンセリング活動をしているタイプです。

いずれのタイプも、心に問題を抱えた人に、それぞれの方法で心理的・専門的な援助をしていることに変わりありません。このほかにも、大学で心理学を学んだけれども心理職には就かずに、自主的に心理学の講座や学会の講習などで勉強を続ける人もいます。そのようにカウンセリングへの興味を失わないで勉強しているうちに、関係者とのつながりができて、カウンセラーへの道が開ける場合などもあります。どの場合でも、心理学を学ぶことに対して、熱意を持って精進することが重要であることはいう

実力次第のカウンセラー。まずは実力を蓄えて。

までもありません。

✳ 求められるのはプロとしての実力

現在のところ、心理カウンセラーの仕事は、非常勤職であることが少なくありません。仕事の場があるとはいってもたくさんあるわけではありません。しかも、週に1日だけ、あるいは半日だけというパート型の勤務も多いのが現状です。多くの心理カウンセラーは、そうした非常勤職を掛け持ちして、生計を立てているといっても過言ではありません。そうした高い競争率の中から、職を得ていくためには、ほかの心理カウンセラーと比較しても劣らない、**プロとしての力**を養わなければなりません。実力をつけて、自分なりの「売り」を持つこと、そして、それをアピールすることが、とて

も重要です。今、各方面で活躍しているカウンセラーの先輩たちも、心理カウンセラーに関連した資格をさらに取得したり、専門性を追求する努力を続けたりして、自身をアピールしてきたのです。

他方、常勤で働く場合のことも考えてみましょう。例えば、医療機関で常勤職として勤務した場合の目安ですが、30歳で手取り20万円くらいで、決して高給とはいえません。もちろん医療機関によってさまざまですし、新人とベテランでも大きく違いますので、あくまでも参考程度にとらえてください。

いずれにしても、心理カウンセラーとして活動するならば、職業上、研修会・講習会への参加やスーパービジョン（指導者から指導や援助を受けること）を受けるなど、自己研鑽が欠かせません。そのための費用もかかります。常勤職ならば職場から予算がおりる場合がありますが、非常勤職であれば、自己負担となります。

職業としての心理カウンセラー
◆目的に合った資格を選ぼう

※ カウンセリングには資格が必要？

心理カウンセラーになるためには、資格は必ずしも必要ではありません。カウンセリングができることと、資格の有無は関係がないからです。しかし、例えば、これからスクールカウンセラーをめざすなら、**公認心理師**や**臨床心理士**などと**同等の資格が必要**とされることは多いでしょう。心理カウンセラーとして活動するには基礎知識が必要で、何の経験もなく唐突になれるわけではありません。

※ カウンセラーの資格の種類

では「心理」に関係する資格にはどのようなものがあるのでしょう。現在は、国家資格の**公認心理師**をはじめ文部科

カウンセラーに関するさまざまな資格

●スクールカウンセラーとして
●医療の現場で

公認心理師
※国家資格

臨床心理士
※日本臨床心理士資格認定協会の認定資格

●企業で働く人を対象に

キャリアコンサルタント
※国家資格

産業カウンセラー

●福祉の現場で

精神保健福祉士
※国家資格

Session-1

Part
1
心をケアするってどんな仕事？

学省が認可した日本臨床心理士資格認定協会が認定する**臨床心理士**、企業で働く人を対象にした国家資格の**キャリアコンサルタント**や日本産業カウンセラー協会が認定する**産業カウンセラー**という資格などがあります。

国家資格の**精神保健福祉士 (PSW)** は、カウンセリングの知識・技量も必要ですが、精神障害のある人の自立、社会参加をサポートするという、より福祉的な援助を職務としています。

心理関係の協会や学会などが認定する資格としては、**認定心理士**、**カウンセリング心理士**、**心理相談員**、**家族相談士**、**交流分析士**、**学校心理士**などがあります。

また、これらの心理学諸資格の基礎となる検定として、日本心理学諸学会連合認定の**心理学検定**があります。この心理学検定は、心理の学術団体が直接行っている唯一の検定で、誰でも受検することができます。現在、日本心理学諸学会連合には56の心理学関係の学会が加盟しており、この検定の2級以上の合格者には、一部の学会入会や資格取得などのメリットがあります。これらの資格を取得することは、認定団体の指導目標をクリアしたことになるので自信につながることでしょう。

まずは自分がどんなカウンセラーになりたいのかよく考え、その目的に合った資格を選ぶことから始めましょう。そして、その資格を取得できるスクールや講座では、講師や仲間たちとの交流を大切にしてください。地方自治体の精神保健福祉センターなどの職員は、公募ではなく紹介で決まることが多いように、人脈を広く作ることが以後の就職に活かされるでしょう。

＊ 公務員採用試験 ・民間企業の常勤職

いわゆる「心理職」として国家公務員や地方公務員になって公的な施設や機関で働いたり、民間の企業に勤務したりする方法があります。児童相談所、少年鑑別所、家庭裁判所などで公務員として心理の仕事に就くか、あるいは企業に就職して人事労務関係などを担当します。このプロセスをめざすなら、まず**採用試験に合格**するのが第一条件です。そのうえで心理関係の職場に配属され研修を受けるというケースがほとんどです。

応募の際に大学、大学院で心理学系の科目を履修していることが条件になる場合がありますので、採用試験の受験資格を調べて準備しましょう。

公務員、会社員として心理関係の仕事をする場合、または医療機関に常勤で働く場合は、収入や待遇が安定しています。とくに公務員は男女の収入格差もありません。しかし、募集自体が少なく応募人数が多いという狭き門となっています。

国家資格「公認心理師」
◆諸領域にまたがる汎用資格として

公認心理師は、2015（平成27）年9月に成立した公認心理師法に基づく、**心理職初の国家資格**です。2018（平成30）年9月に第1回試験が行われ、試験の合格者は登録後、国家資格「公認心理師」としてそれぞれの職場で活躍しています。

心理職の国家資格化は、多くの心理学関係者にとって積年の願いであり、長年の活動が実を結んでやっと誕生した資格です。日本では数多くの心理職に関係する民間資格が存在しますが、心理職における専門資格を明確にすることで、**社会的地位の確立**や、**雇用の安定**、**心理職の質の向上**等が期待されています。

✳ 公認心理師とは

「公認心理師」とは、公認心理師登録簿への登録を受け、公認心理師の名称を用いて、**保健医療、福祉、教育その他の分野**で心理学に関する専門的な知識や技術をもって活動する人の国家資格です。業務内容は、公認心理師法第1章第2条に記されています。

■公認心理師法　第1章第2条の要約

> 一．心理に関する支援を要する者の心理状態の観察、その結果の分析
> 二．心理に関する支援を要する者に対する、その心理に関する相談及び助言、指導その他の援助
> 三．心理に関する支援を要する者の関係者に対する、相談及び助言、指導その他の援助
> 四．心の健康に関する知識の普及を図るための教育及び情報の提供

✳ 受験資格・国家試験

受験資格者については以下の通りです。

> ①大学かつ大学院において主務大臣指定の心理学等に関する科目を修めて、その課程を修了した者
> ②大学で主務大臣指定の心理学等に関する科目を修め、卒業後一定期間の実務経験を積んだ者等
> ③主務大臣が、①及び②に掲げる者と同等以上の知識や技能を有すると認めた者

上記①、②の修めるべき科目は、大学では25科目（うち心理実習は80時間以上のものに限る）。大学院では10科目（うち心理実践実習は450時間以上のものに限る）。実習については、大学では保健医療・福祉・教育などの分野の施設において見学などにより実施。大学院では見学だけでなくケースを担当します。また医療機関での実習が必須となります。

資格取得後の研修制度をどう整えていくかなどの課題もありますが、心理職初の国家資格として、今後の活躍の場がますます広がっていくことが期待されています。

ボランティアとしての心理カウンセラー
◆無償だがやりがいを支えに

ボランティア経験から学べること

2011年3月11日に起きた東日本大震災は忘れられない、そして忘れてはならない大災害です。被災した方々の心の傷は大きく、多くの臨床心理士が現地に向かって、ケアに当たりました。

現地を訪れたのは心理の専門家だけではありません。毎日のようにテレビで流れる惨状を目の当たりにし、「役に立ちたい」という一心で出かけたボランティアの人たちが大変多かったと聞きます。

ただ純粋な気持ちから、困った人の気持ちに寄り添い、つらい話を聞いて相手を楽にしたいという思いがとても強い

全国に50か所あるいのちの電話

「いのちの電話」は、困難で孤独な状況にあって精神的危機にある人が生きる喜びを見出せるような活動をしています。相談件数は全国で53万件（2021年）に達しており、こうした電話相談を支えるのは約5,800人のボランティア相談員です。

「東京いのちの電話」の場合、相談員の応募資格は22〜65歳の男女。書類審査、適性検査、面接を経て研修の受講が認められます。約1年半の研修が修了したら認定を受け、正式な相談員になります。研修費等は自己負担になり、相談活動への報酬はありません。

＊一般社団法人日本いのちの電話連盟
https://www.inochinodenwa.org

つらい気持ちに寄り添う自殺防止センター

つらい気持ちに寄り添い、心の支えになることを目的に活動しているボランティア団体です。

「東京自殺防止センター」のビフレンダー（相談員）になる参加条件は、秘密厳守ができ、自分を受容し、精神的に安定している健康な原則20歳以上の男女。研修費用の3万円は自己負担です。交通費、手当はなく、年会費1,000円が必要です。

＊東京自殺防止センター事務局
TEL:03-3207-5040

のに、資格がないのでカウンセリングができない……そんな思いが強い人は、まずはボランティアとしての心理カウンセラーの経験をしてみてはどうでしょうか。

✳ 誇りを支えとして

各地の社会福祉協議会などで、ボランティアを募集していることがあります。心に疾患のある人と、おしゃべりや食事作り、軽い運動等を一緒にしたり、デイサービスを利用するお年寄りの話し相手になったりします。聴く訓練をした人の会話には癒し効果が期待されているのです。

また「いのちの電話」「自殺防止センター」のような電話相談機関では、研修や訓練を受けてボランティアをします。相談内容は緊張感のあるものがほとんどで、深夜の時間帯を担当することもあります。ですが報酬は一切なく、研修費用も自己負担です。「心」に寄り添う**ボランティアとしての誇り**が支えとなることでしょう。

将来は個性を活かして独立開業したい
◆一人でもこなせる十分な経験を積むことが大切

✳ 相談所の看板を掲げること

一般的に「独立」というと、フリーでいくつもの職場を掛け持ちすることを指しますが、ここでは個人的に開業すること、つまりどこの職場にも属さず、心理カウンセラーとして私設相談所を開業することに限定してお話ししたいと思います。

アメリカでは独立開業は多く、理髪店の数と同じくらいあるともいわれます。臨床心理関係の大学院を出た人がほとんどで、資格がなければ開業できません。

日本でも都市部を中心にして、個人やグループで、また医師と一緒に私設相談所を開業している心理カウンセラーもいます。

✳ 独立開業のメリット・デメリット

独立する場合、カウンセリングのスキルが必要であることはいうまでもありませんが、**開拓精神**や相談所の**マネジメント能力**も必要条件でしょう。常勤でも非常勤でも、所属する職場があれば周

独立にはカウンセラーとしての実力以外の能力も問われます。

りの人の協力や、ベテランの心理カウンセラーからの助言が期待できますが、個人開業ではそうはいきません。クライアントの心の問題に介入する責任上、一人でやっていける**自信**と**人脈の基盤**がなければ、独立などできないのです。

カウンセリングの料金は保険がきかないため、1時間1万円程度と高額です。施設の維持費といった経費が含まれているからです。しかし、そのような理由だけでなく、料金を払うということでカウンセリングの枠組みが明確になり、クライアントが心理カウンセラーにさまざまな感情を遠慮なく打ち明けられるようになるというメリットもあります。

こうして見ると病院の精神科に比べて、私設相談所はデメリットが多いような感じがします。しかし、病院の精神科で行われる「診療」よりも、心理カウンセラーが行う「傾聴」を求めているクライアントは少なくありませんから、私設相談所が必ずしも不利であるとはいえません。また、そういった民間の機関はいまだ多くありませんので、独立開業を選択肢のひとつとして考えてもよいでしょう。

※ 独立のスタイルは さまざま

私設相談所を開業している人は、臨床心理士、カウンセリング心理士、産業カウンセラーなど、何らかの資格を持っている場合が多いようですが、資格を取ったからといって、すぐに開業できるわけではありません。もちろん資格がなくても、豊かな人生経験をよりどころにして開業している人もいます。しかし、教育や医療、産業などの分野で十分経験を積み、ある程度の人脈を築いた上でなければ、相談所を維持することは難しいでしょう。

最近では、相談所を開設せずに、インターネットや電話でカウンセリングを展開している人もいますので、私設相談所にも**クライアントの要望**に応じたさまざまなスタイルがあるようです。その際、相談のスタイルのみならず、カウンセラーの得意な分野や心理療法、取得している資格なども公表しておくことは、利用者側の不安を減らし、より良いカウンセリングへの一助となるでしょう。

また、自分のオフィスを持たないでカウンセリング業務をしているカウンセラーもいます。公共施設の一室を借りてカウンセリングを行っているのです。相談をする場所についても工夫次第なのだといえるでしょう。

やはり独立開業は魅力的。しかし実力次第のキビシイ世界！

心理カウンセラーに求められること
◆辛抱強くクライアントの気持ちを汲み取る

＊ そっくりそのままを受け入れる姿勢

　クライアントの年齢、人柄がさまざまなら、抱えている問題もさまざまです。全く同じ悩みというものは存在しません。

　悩みの種類は性格、友人関係、家族関係、進学、就職、勉強、仕事、将来、不安……など。実際は、悩みそのものもさまざまな要素が絡み合っている場合が多いものです。例えば、勉強の悩み、仕事の悩みといっても、実は教師や友人との関係、上司とのトラブルが根底にあったりします。

　クライアントはそういった悩みを、そのときの気持ちをリアルに感じながら話していくかもしれません。聴き手としても、つらい内容を長時間傾聴するのはさすがにこたえます。

　しかし、心理カウンセラーには**それらを全て受け止める姿勢**が求められます。たとえ自分の過去に似たような苦い経験があって、自身の姿と重なったとしてもです。

　つまり、カウンセラー自身が自分の気持ちの動きにも敏感になり、それを**コントロール**できるかどうかがポイントになります。感受性が豊かであることが必要な要素となるでしょう。

＊ 自分のいたらなさに気づくことも

　問題解決に向けては、クライアントが自らどうしたいのか気づくこと、自分の判断で行動することを大切にします。

　クライアントの悩みの扉を開けたら、**最後まで責任を持たなければなりません。**したがって、クライアントの気づきがなかなか起きないからといって、カウンセラー自身が無力感に打ちひしがれてはいられません。それだけ精神的な厳しさが伴う仕事なのです。困難なケースに直面したら、ベテランのカウンセラーに指導を受けて、ケースの対応についてのアドバイスを受けるだけでなく、カウンセラー自身の心の整理をしておくことも重要です。

＊ クライアントから学ぶ

　そうすることで、カウンセラーは気持ちを立て直し、クライアントに対して逃げ腰ではなく真正面から向き合って、**ともに歩んでいくことができる**のです。カウンセラーも人間です。完璧である必要はないのです。逆に不完全なところがあるからこそ人間らしいのであり、クライアントも親しみやすいのではないでしょうか。

　たとえ治療関係に亀裂が入ったとし

Session-1

Part 1
心をケアするってどんな仕事？

17

ても、あきらめなければ修復は可能です。クライアントが成長していく過程、変容していく治療関係につきあっていくことで、心理カウンセラー自身がクライアントとともに成長していく、これこそがカウンセリング業務の醍醐味といえるでしょう。

> 一人のクライアントの抱える悩みもさまざま。

私はカウンセラーに向いている？
◆包容力があり、強靭な精神の人

どんな人を想像しますか

カウンセラーに求められる条件を、いくつかあげてみましょう。

1. 相手に共感できる人

話を一生懸命聴けるというだけでなく、クライアントの気持ちを理解したことがクライアントに伝わらなければなりません。言葉だけではなく、うなずきや微笑みのような態度や表情などの非言語による表現はとてもよいでしょう。カウンセラーのそんなしぐさに、クライアントは心を開き、この人に話してみようという気持ちになっていきます。

2. 温かい心を持つ人

クライアントに関心を示し、無条件に受け入れ、尊重できる人であるともいえます。温かい心を持っているカウンセラーは、クライアントに成長が見られない時、苦しんでいる時も支えます。そういうカウンセラーの気持ちに気づいた時、クライアントは思いきって未知のことにも挑戦しようと思うのです。

3. 純粋さを持つ人

自分の心を開き、率直で隠さない、誠実な心を持った人です。カウンセラーにとって都合のよいクライアント、言うことを聞くクライアントだけにいい顔をするのは純粋ではありません。ただしカウンセラーといえども人間ですから、クライアントに対してネガティブな感情を持つことも当然ありえます。このネガティブな感情を認めることができるのも純粋な人です。またクライアントのプラス面だけでなく、マイナス面を見る目を持てることも必要なことでしょう。

4. 知識欲のある人

クライアントは悩みながら、本などでいろいろな知識を得ていることが多いものです。カウンセラーならばなおさら日々研鑽し、十分な知識を持って面談に臨む必要があります。何と言っても生涯勉強という世界なのですから、専門領域に詳しくなくてはなりません。

5. 自分の価値を見出せる人

カウンセラーが自分自身をどんな人間だと思っているかはクライアントとの交流に反映されてきます。クライアントの存在を尊重するためには、まずはカウンセラーが自分自身の価値を認め、周囲に尊重されていることを自覚することが必要なのです。

6. 自分を分析できる人

カウンセラーもこれまでの人生の中で、いろいろな気持ち、感情を経験していますが、長い年月を経て形成された考えや意識を明確にしておく必要があります。カウンセリングの中でクライアントに抱く感情が、実はカウンセラー自身の価値観を投影したものかもしれないからです。クライアントの正しい理解のためにも、カウンセラー自身の価値観をしっかりと把握しておかなければなりません。

7. 言行を一致できる人

カウンセラーが自分のあるがままの姿を認められず、しかも言行が一致していなければ、クライアントの前であるがままにはいられないでしょう。自分の価値観や限界を知っているカウンセラーは自分の考えを話すことはあっても、相手に強制したりはしないものです。自身のあるがままを受容し、言行の一致している誠実な姿勢のカウンセラーならば、相手に対しても受容的で誠実でいられます。そういうカウンセラーであれば、クライアントも心を開きやすいでしょう。

8. 社会と連携していける人

カウンセリングは1対1の世界が基本です。しかし閉鎖的になってはいけません。カウンセリングの場は、枠組みで守られた世界ではありますが、社会から孤立無援のものではありません。クライアントは、カウンセリングを通じて社会に適応していくわけですから、カウンセラーは、社会や組織に対して開かれた存在であることが求められます。

✳ 自分と向き合い 自分を知ろう

心理カウンセラーに求められる**人間性**について、一部ではありますが、いろいろと述べました。学んだ技術だけでは補えない人間性の面も必要であることが、理解していただけたと思います。

そうした人間性は一夜にして養われるものではありません。自身の経験、価値観、性格を十分に振り返る時間を持って、**自分と向き合ってください**。そして、自分のよいところは積極的に伸ばしつつ、自分に足りない部分は努力して補っていきましょう。優しくて温かくて包容力があることも大切ですが、自分を変革していく勇気と柔軟性、強靭な精神力もあわせ持つことが必要です。

Session-1

Part 1 心をケアするってどんな仕事？

19

Column

カウンセラーと似ている職業との違いって？

精神科医、占い師、催眠術師、どれも似て非なるもの

● 心理カウンセラーと精神科医の違い

心理カウンセラーと精神科医は、両者とも病院内で白衣を着ているため区別がつきにくいですね。ですが、役割は全く違います。

精神科医となるための免許は医師免許ですが、心理カウンセラーは医師ではありません。医療機関における心理カウンセラーは、公認心理師や臨床心理士の資格を持つ者がほとんどです。

また、精神科医は大学の医学部出身ですが、心理カウンセラーは心理学専攻の大学院を修了した人が多くを占めています。そして、精神科医は診断名をつけたり、薬を処方したりするなどの医療行為ができます。いわゆる「診療」を行うわけです。心理カウンセラーにはそれらができません。心理カウンセラーはカウンセリングなどを通して、クライアントの生活環境、人間関係などの観点から働きかけます。

精神科医が薬を処方するためなどに質問することは、心理カウンセラーの面談とは異なるものです。なお、心理カウンセラーによるカウンセリングには、現在のところ保険が適用されていません。そのため高額な料金になることが多いのです。

● 心が原因で身体に不調が

総合病院や個人クリニックの精神科、小児科、心療内科などでは、医師と連携して心理検査、心理療法、カウンセリングを行います。

最近は問題が複雑化していて、心理的原因で身体の不調や疾患が起こっていることが多々あります。

こういう背景から心に注目している医師が増えていて、実際に精神科医の中には、臨床心理士の資格を持っている人もいます。

苦しいときには体調が悪くなる

カウンセリングを行っている段階で、クライアントが体調を崩す場合があります。自分自身と向き合う過程では、嫌な面も見なければならないわけで、その苦しさから体調を崩してしまうのです。反対にカウンセリングの進展次第では、体調がよくなることも当然あります。

ケースワーカー、ケアマネジャーとはどう違う？

公的機関で福祉を中心に生活の相談にのる人や、民間の病院や施設の相談担当職員をケースワーカーといいます。また、ケアマネジャーは介護サービスのプランを作成する人です。職務内容という点で心理カウンセラーとは異なります。とはいえ、いずれも人とふれあって援助をする職業ですから、利用者の話を「聴く」というスキルが求められます。

占い師？　祈とう師？

占い師や祈とう師と呼ばれる人は、科学では十分解明されていない神秘的な知識や技能で、クライアントの生い立ちや悩みの原因などをピタリと当てたりしますね。

心理カウンセラーは、心理に詳しいというイメージから、クライアントの心の中が何でもわかると思われがちですが、クライアントの心の中を当てるより、一緒に寄り添い、悩みと向き合って考えていく姿勢をとります。そしてクライアントの気づきを促すのです。

もちろん、占い師や祈とう師に相談して気持ちが楽になることはあります。彼らは、心理カウンセラーとは異なる独自の方法でクライアントを癒しているといえるでしょう。

催眠療法と夢分析

治療技法として催眠療法を用いるカウンセラーもいます。それはどちらかというと緊張を解放するもの、リラクゼーションの働きに近いものです。人を自由に操るように見える催眠術とは違います。催眠療法を用いるにしても、クライアントの了解なしには行いません。

夢分析はフロイトが始めた技法のひとつで、見た夢を詳しく思い出し、浮かぶ事柄を自然にたどっていって、夢の意味を見出します。ですから、夢占いのようなものとは違うのです。

Session-1

Part
1
心をケアするってどんな仕事？

Session-1

社会が求めているカウンセラー

専門性のあるカウンセラーが求められている現実

カウンセリングは浸透した？

もはやカウンセリングは一部の専門家だけのものではなくなりました。

書店の心理関係のコーナーには本がびっしりと並べられていますし、カルチャースクールでもカウンセリングの講座は人気です。こうしたことからも、広く一般の人々も、カウンセリングに興味を持っていることがうかがわれます。

本来カウンセリングという言葉は「相談」という意味であり、心のふれあい、心の交流、心の癒し、心の表現というカウンセリングの持つ一面を考えれば、日常にも活かせそうな場面はいくらでもあります。

また心理やカウンセリングの専門家ではないものの、教師、保育士、看護師、保健師、ホームヘルパー、ケアマネジャーなどは、その仕事にカウンセリング的な内容が含まれています。

心理的援助という観点からすれば、専門家の行う援助に比べて、内容の程度に開きがあるかもしれません。しかし考え方や方法論などは、相通ずるところが多いはずです。

社会の歪みを問いかける

相談に来るクライアントの持つ心の悩みは、個人的な経験を発端にするものだけでなく、社会の問題点を映している場合も多くあります。例えば今回のコロナ禍においては、ウイルス感染への不安や、リモートの増加による疎外感、ひきこもり状態のストレスによる心の不調が社会問題となりました。特に自殺者数については、2020（令和2）年は11年ぶりに増加に転じ、2021（令和3）年には微減となったものの、2022（令和4）年には再び増加しています。このように、その時代の社会の矛盾や理不尽さが、心の問題としてその人に反映される場合が少なくないのです。カウンセリングの最終目的とは、そういう個人の悩みに対応して気づきを促しながらも、そこから垣間見える社会の問題点や歪みも見据え、社会に問いかけ、還元していくことなのかもしれません。

学校や会社でのストレス

現代は価値観が多様化してきています。しかし同時に、価値観が多様化して選択肢が増えた分、どのように生きていけ

ばいいのか、どう自分らしさを出していけばいいのか、見失っている人も増えているように思います。

例えば学校や、会社では、多数派に属しているほうが、孤立する恐れはなく安心なことも多いでしょう。そんな中、誰かがいじめられていたとしたら、みなさんはどうしますか。孤立するのを覚悟で注意するでしょうか。それとも、心の中で「それではいけない」と思っていても、見て見ぬふりをするでしょうか。

多数派に所属していながら、一方ではやはり個性、自分らしさを失わずにいたいと思う……そんな心の葛藤が原因で心的な症状が出る場合も多くあります。

みんな自分らしくリラックスして人と付き合いたいものですが、それはなかなか難しいことでしょう。だから日常の生活の中で、病気というほどではないけれど、心の不調（気持ちが落ち込んでいたり、やる気が起きなかったり）を感じたり、悩みや不安を訴えたりする人が増えてくるのだと思います。自分ではどうしたらよいのかわからない、誰かの力が必要だと感じたとき、どこへ相談に行けばいいのでしょうか。

＊聴いてくれる人がいますか？

もし信頼できる人がそばにいれば、その人に、愚痴や弱音を聴いてもらうことができます。励ましたり叱ったりもしてくれるでしょう。聴いてもらえるだけで、解消できることは少なからずあるものです。自分の話に耳を傾けて、理解しようと努めてくれる相手がいるということは、心理的にプラスの影響を与えてくれます。悩んでいることなどを吐き出して、気持ちをリセットできるともいえるでしょうか。

ですが、そのような関係を簡単には周りに見出せないとき、また、親しい人にも話せないくらい悩みが深刻なときは、どうしたらいいのでしょうか。そんなときこそ、心理カウンセラーが知人や友人とは違ったプロの立場で話を聴いてくれることでしょう。

＊それぞれの人に対応できる援助者

心の病にかかった人も含めて、心に不安を抱えている人、悩んでいる人を心理面からサポートしていく専門家が心理カウンセラーです。

ほんの数十年前、カウンセラーは病院の精神科や大学の相談室など、ごく限られた所にしかいませんでした。それから歳月が経ち、日本でもカウンセリングが広く普及してきました。そして、多様化した現代社会において、さまざまな価値観を柔軟に受け入れつつ、多様な領域での高い専門的知識とスキルを持った心理カウンセラーが求められるようになってきたのです。

助けたいけど仲間はずれはイヤだなぁ。

Session-1

Part 2 社会が求めているカウンセラー

専門性のあるカウンセラーをめざせ ①
◆スールカウンセラーの役割：心の成長をサポートする

※ 人の気持ちに配慮できない子どもたち

ある一人の男子中学生のケースを紹介します。これはその少年のお母さんが話したことそのままの記述です。彼はクラスメイトからのいじめにあい、不登校になってしまいました。彼が真面目な性格で、少し運動が苦手だったことがいじめの原因です。

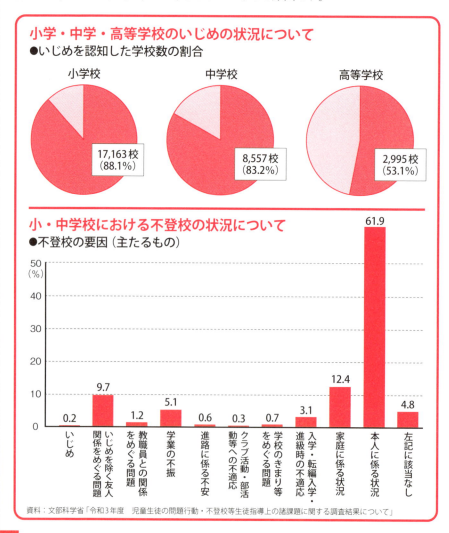

小学・中学・高等学校のいじめの状況について
●いじめを認知した学校数の割合

- 小学校　17,163校（88.1%）
- 中学校　8,557校（83.2%）
- 高等学校　2,995校（53.1%）

小・中学校における不登校の状況について
●不登校の要因（主たるもの）

- いじめ　0.2
- いじめを除く友人関係をめぐる問題　9.7
- 教職員との関係をめぐる問題　1.2
- 学業の不振　5.1
- 進路に係る不安　0.6
- クラブ活動・部活動等への不適応　0.3
- 学校のきまり等をめぐる問題　0.7
- 入学・転編入学・進級時の不適応　3.1
- 家庭に係る状況　12.4
- 本人に係る状況　61.9
- 左記に該当なし　4.8

資料：文部科学省「令和3年度　児童生徒の問題行動・不登校等生徒指導上の諸課題に関する調査結果について」

クラス中の女の子の、言葉による嫌がらせが毎日続きました。落ちた鉛筆を拾ってあげても、「汚い」と言って受け取ってもらえません。近づくのを拒まれるので、席もみんなから離れて座らなければなりませんでした。

いじめを受けていた少年も初めは抵抗しましたが、次第に抵抗する気力を失ってしまいました。「クラスでたった一人」という絶望感があったそうです。教師のサポートも力が及ばなかったようです。

小学・中学・高等学校のいじめの状況について見ると、じつに小学校の88.1%、中学校の83.2%、高等学校の53.1%で、いじめを認知しています。いじめが行われていない学校の方が、少数であるという現実をあらためて認識する必要があります。

※ 学校で起こっていること

「心の教育」という言葉がよく聞かれます。今の学校教育への危惧感からの言葉でしょう。

私語や教師へのからかいで、授業が成立しないことがあります。学校の備品が壊されることもしばしばです。教師たちは言葉での働きかけを繰り返しますが、それだけでは十分ではないようで、生徒にいつまでもギャングエイジ(P.55参照)のような幼さを感じている中学教師も多いようです。

一方の生徒自身も、学校の問題点をしっかりつかんでいます。生徒たちからは、「教師と生徒との間の信頼が薄れている」「個々の生徒に対する理解が不十分である」などの学校への不満の声が聞かれます。

「小・中学校における不登校の状況について」のアンケートにおける「不登校の要因」を見ると、意外なことにいじめが要因の不登校は0.2%と少なくなっています。これは、じつはいじめを受けても被害の悪化を恐れて、多くの生徒が教師に相談できないでいる現実を表していると推測されています。

※ スクールカウンセラーに期待

こうした学校教育の荒廃を背景として、1995年度から文部省(現：文部科学省)は、スクールカウンセラーを学校に配置する試みを始めました。2001年度には正規事業になり、公認心理師や臨床心理士であることもスクールカウンセラーに応募できる資格のうちのひとつになっているところが多いようです。正規事業とはいっ

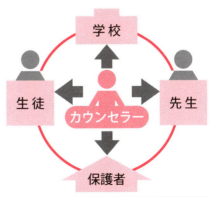

学校という共同体の中でカウンセラーの位置づけは大切になりつつある。

ても、週に1〜2日カウンセラーを学校に派遣するという体制です。

地域によって多少の差はあるものの、スクールカウンセラーの時給は3,000〜5,000円程度となっています。常勤職になるかどうかはまだあいまいな状態なため、専門的技能を身につけた資格者としては、十分な待遇とはいえません。

対処法で力量が問われる

スクールカウンセラーは非常勤のため、学校を何校か掛け持ちせざるをえないという現状があります。しかも心理カウンセラーが学校という共同体の中で援助することを考えていく学問は、今までほとんどありませんでした。それだけに、はっきりとしたスクールカウンセラーとしての手本、ノウハウはまだ少ないのが現状です。学校にいるスクールカウンセラーは一人職ですから、どんな事態でも自分で試行錯誤して工夫していかなければなりません。結局、カウンセラー自身の経験と実力が問われることになります。

学校の人間関係に配慮する

相談所や病院などは、支援や治療を目的とした場所ですが、学校は教育が目的の場所です。つまり、心の悩みを解決することを主な目的にしているところではありません。

問題を抱える子を援助するだけでは、学校が抱える問題を解決する手伝いにはならない……と、感じている現場のカウンセラーは少なくないでしょう。そして生徒だけでなく、学校独特の人間関係、集団生活にも配慮することが必要です。問題を抱える子どもの気持ちだけを重視したために、スクールカウンセラーと教師の間に溝ができてしまってはよい援助は行えません。

これからどう位置づけるか

学級崩壊やいじめのない学校にするには、そうならないための予防が大切といわれています。そのひとつは温かい人間関係作りです。それには教師の役割が大きく、スクールカウンセラーがサポーティブに関わることになるでしょう。

スクールカウンセラーにはとにかく**教師との連携が不可欠**です。そしてまだまだ新しい職種だけに、学校の中での位置づけが今後の課題となるでしょう。

スクールカウンセラーは子どもたちの心の成長をサポートします。

✳ 臨機応変な対応を

　スクールカウンセラーの主な業務は下のコラムの通りですが、勤務する学校の形態によって内容も変わってきます。

　小学校なら、児童に関する相談を保護者や教員から受けることが多いでしょう。中学校や高校では、自主的に来談する生徒も出てくると思います。また、不登校生徒の家庭に担任教諭と一緒に訪問することも大事な業務のひとつです。

連携の基盤作りのために、学校行事に参加するなどして学校コミュニティにとけ込むことも必要となるかもしれません。

　また昨今のコロナ禍においては、自宅学習の増加によるストレスや、リモート授業についていけないことによる心の不調などの新たな問題も発生しました。

　これらの現状からわかるように、学校のニーズや社会環境の変化に合わせ、臨機応変な対応が求められる職種なのです。

スクールカウンセラーの仕事はコレだ！

1. 児童・生徒とのカウンセリング

子どもたちの悩みは友人関係のトラブルから不登校までさまざまです。実際に悩みをきちんと聴いていくと、問題が全て解決しなくても、子ども自身、自分の気持ちを整理することができるようです。

2. 教師・保護者とのコンサルテーション

教師と子どもの指導・援助方法について相談する場合、両者の間に上下関係はありません。スクールカウンセラーが教師を指導するわけではなく、それぞれの立場を活かして違う視点で考えていきます。保護者との相談活動では、保護者自身の生き方、人生観につながることがあります。保護者は子どもへの接し方について悩んでいますから、カウンセラーと面談することで、よい方向に進むようにします。

3. 情報収集

児童・生徒のカウンセリングに関する情報を集め、それを提供します。また学校の様子を判断する材料になるので、子どもや保護者、教職員に配られる全ての印刷物にも目を通さなければなりません。スクールカウンセラーは、いろいろな分野で活躍していますから、学校以外の有用な情報も持っています。それを学校側も活用すべきでしょう。

4. 学校全体への働きかけ

学校組織の中でカウンセラーを含むシステムの構築が大切です。位置づけを意識的に行わなければ、カウンセラーは孤立して機能しなくなることもあります。教員との相互理解の努力が必要です。校内にカウンセリング室の設置を提言する人もいます。

専門性のあるカウンセラーをめざせ ②
◆産業カウンセラーの役割：職場で心の健康をサポートする

✳ 職場にもストレスがいっぱい

30代後半以降の会社員の60％以上が職場でストレスを感じているという報告があります。職場で何かの発表をしなくてはならないとき、緊張で顔がカッと熱くなる、手が震える、頭の中が真っ白になるという経験は誰でもあるのではないでしょうか。この症状がさらに強くなって、人前に出られなくなったり、妄想的になったり、拒食症につながったりすることがあります。

また、仕事にやりがいを感じている人にも、ストレスは徐々にたまります。ノルマに追われる仕事をやり終えたとき、目標の地位を手に入れたとき、達成感とともにぽっかりと心に空いた穴を感じたことはないでしょうか。それは、**燃え尽き症候群**と呼ばれる症状で、「仕事没頭型人間が課せられた仕事に誠心誠意打ち込み、目標を達成した途端、目標を失うとともに力が尽きてしまうこと」と定義されます。

会社内での出世がストレスになることもあります。役職に就くということは給料面や、地位的な面から見ても喜ばしいことですが、プラスの変化が、心にいつでもプラスに働くとは限りません。責任や、仕事量の増加でストレスが起こるからです。

✳ 世間体が気になるとき

企業で働く人のメンタル面の健康の維持は、より良い毎日を送るためのみならず、仕事の効率にも影響を及ぼします。しかし実際の職場では、自分の立場や人間関係に響くことを恐れて、カウンセリングを受けたいと思っていても、実際に受ける人は少ないようです。心の病に対する偏見はいまだにありますし、職場内の立場も考えなければなりません。世間体が気になってカウンセリングを受けられないという人は、とくに働き盛りの男性に多いそうです。

同僚、部下の目が気になるなぁ……。

※ 外部機関に委託するメリット

せっかく整えた社内カウンセリングのシステムも活用されなければ無意味です。企業内でメンタルヘルスを普及させていくには、カウンセリングを受けても秘密は厳守され、人事査定には影響しないことを訴えていかなければなりません。

最近では社内のメンタルヘルスを、外部の産業カウンセラーに委託して、効率化を図る傾向が出てきています。

また、対面式の相談窓口に抵抗感がある場合、**メールやSNSを利用したカウンセリング**が効果を発揮します。食品会社のAさんは、昇進がきっかけで体調を崩しました。以前の同僚が部下になり指示する立場になったのです。元同僚との関係もギクシャクしてしまい、Aさんは職場が苦痛でたまりません。

そこで、会社が契約する外部機関のメールカウンセリングに家族にも言えなかったつらい気持ちを正直に書き送りました。すると、翌日返事が届き、自分の気持ちを理解してもらい、つらかった気持ちが少し楽になるのを感じました。

社内窓口でもメール等で相談をはじめる企業が増えてきました。対面式のカウンセリングと比べると、表情を読み取れないという制約はありますが、クライアントにとっては、かえってそれが緊張感を軽減する効果もあるでしょう。また、文章に書き起こすことで、自分の心理状態を客観的に理解することもできるでしょう。

昇進は喜びでもあるが、ストレス増加の原因にもなる。

Session-1

Part 2 社会が求めているカウンセラー

産業カウンセラーの職場での役割はコレだ！

キャリア・カウンセリング	キャリアアップしていくための進路選択 自己実現のための相談
職場の環境作り	人間関係を円滑にするための援助 職業能力を高めるための相談
メンタルヘルス活動	健康で自立した企業人になるための援助 精神的な悩みに対する援助

専門性のあるカウンセラーをめざせ ③
◆期待される女性心理カウンセラー：社会構造の変化で急激に変化した女性の悩み

悩み、悩みの連続の中で

女性は心理・生理面での劇的な変化やさまざまな人間関係にさらされています。容姿に悩み、恋愛、結婚に悩み、出産、不妊、子育て、近所づきあい、嫁姑問題、更年期、介護そして老後。

場合によっては夫の借金問題、ギャンブル問題などを抱え込むこともあるかもしれません。夫婦だからといえばそれまでですが、それにしてもなんと身に降りかかるライフイベントが多いことでしょうか。

いずれも微妙な心理が背景になるだけに、女性の心理・生理的特徴に精通した、また社会的な女性の立場などを理解した女性専門のカウンセラーが身近にいればどんなに心強いかと思います。

新しい悩みが増えた事実

女性の社会進出の増加によって、今までは男性の問題とされてきた領域の悩みを、女性が抱えるというケースが出てきました。

就職、賃金格差、仕事の内容、昇進、部下との人間関係、独立・起業、男性社会の中で、実力があっても女性だからという理由で、責任を持たせてもらえないといったストレスなど。仕事に没頭するあまり身体を壊す人、離婚を選ぶ

女性の悩みは大きく多様化しました。

人もいます。カウンセリングを利用する人の男女比で女性が圧倒的に多いのは、このような急激な社会構造の変化と、女性の抱える悩みの多様化に原因があるともいえます。

カウンセリングで話される相談内容は、実に多種多様になりました。摂食障害、パニック障害、恋愛、不倫、強迫神経症、ストーキング、離婚、不眠症、セクシャル・ハラスメント、虐待、PTSD、性同一性障害からの心的ストレスなど。つい数年前にはその名称すら与えられていなかったり、一般的には知られていなかったりした内容もあります。

このように多様化した女性に多く見られる悩みや症状を専門にしたカウンセラーが期待されることでしょう。

✳ 泣き寝入りはしたくない

一般的に「現在または過去の配偶者や恋人などからの暴力」と解釈されているDV（ドメスティック・バイオレンス）も、特有の問題のひとつです。

内閣府の調べによると、2021年度の配偶者暴力相談支援センターへの相談件数は全国で122,478件（そのうち女性からの相談は119,331件）ありました。

DVは、それまでにはなかった事柄なのではなく、DVとして取り上げられることがなかったのだということです。つまり女性が声をあげるようになったことで、表面化してきたということでもあります。セクシャル・ハラスメントも同様です。

✳ どう対処するのが最善か

DVやセクシャル・ハラスメントの問題を穏便に解決したいという人もいますが、女性の社会進出の増加、男女雇用機会均等法などの流れに沿って女性側の意識が変わり、法的手続きをとることが増えてきました。

裁判に訴える場合は、弁護士との共同作業になるかもしれません。相談者をサポートするために関連する法律の基礎知識を持っているほうがよいでしょう。

また、DVやセクシャル・ハラスメントを受けたことから抑うつ状態になったり、PTSDになっていたりすることも多くあります。裁判終了後のメンタル面のサポートも大切です。裁判は期限付きで終了しますが、受けた心の傷を治すのには時間がかかるからです。

✳ ご近所トラブルにも要注意

女性が職場へ出ることが多くなったとはいえ、近隣住民との人間関係は生活の一部です。日常のことだけに、うまくいかない場合は大きなストレスにもなります。騒音、ペット、ゴミ分別、お隣との境界線など、ささいなことに思われがちですが、積み重なっていくとこじれて厄介な問題になりかねません。テレビや雑誌の法律相談などにも取り上げられていますが、法律面の解決は法律の専門家に任せ、トラブルから生じた人間不信などの心理面のケアは心理カウンセラーの活躍する領域となるでしょう。

配偶者暴力相談支援センターへ寄せられた相談件数

■相談の種類別件数 ('21年4月～'22年3月)

その他 4.1%
来所 28.2%
電話 67.7%

■施設の種類別相談件数 ('21年4月～'22年3月)

男女共同参画センター・女性センター	39,037	31.9%
婦人相談所	34,683	28.3%
福祉事務所・保健所	20,148	16.5%
児童相談所	2,471	2.0%
その他	26,139	21.3%
合計	122,478	100.0%

資料：内閣府男女共同参画局

注目の資格認定制度「認知行動療法師」

　認知行動療法は、近年注目されている心理療法です。人間の気分や行動が、認知のあり方（ものの考え方や受け取り方）の影響を受けることから、認知の偏りを修正して問題解決を手助けすることで、精神疾患を治療することを目的としています。うつ病や不安症、ストレス関連疾患をはじめとする、多くの医学・心理学的問題への支援法として、その効果が様々な臨床研究によって確認され続けており、欧米を中心に世界的に広く使われるようになっています。

　今後ますます認知行動療法への期待が高まる中、一般社団法人日本認知・行動療法学会により、2020年に認知行動療法師の資格認定制度が創設されました。

　認知行動療法の実践家に必要とされる基本的知識と技術を定め、それらを習得した者を認定する制度です。

　この資格を申請できるのは、原則として、国家資格かそれに準ずる資格として公的に認められた資格保有者です。具体例としては医師や公認心理師、看護師、作業療法士、精神保健福祉士、産業カウンセラー、社会福祉士、行動療法士、臨床心理士などです。

　この制度によって、認知行動療法の質の保証ならびにさらなる普及・発展が期待されます。

＊問い合わせ先
- 一般社団法人　日本認知・行動療法学会事務局

心のサポート被害者支援センター

　社会を震撼させるような犯罪や、大規模な災害に限らず、身近に起きる暴力事件や交通事故でも、被害にあった人またはその家族は、体の傷や経済的な損失以上に精神的に大きなダメージを負っています。「被害者支援センター」はそんな人たちの悩みや問題の解決、心のケアなどを支援している団体です。

　犯罪被害者とその家族への主な支援活動としては、電話や面接による相談と、直接的支援（裁判所・警察などへの付き添い、日常生活の手助けなど）があります。支援センターの活動は全国48の加盟団体に所属するおよそ1,400名のボランティアによって支えられています。その多くは研修で身につけた専門的なスキルとノウハウをもとに被害者支援活動に取り組んでいます。

＊問い合わせ先
- 全国各地の公益社団法人　被害者支援センター
- 各弁護士会の犯罪被害者支援窓口

Column

カウンセリング先進国に学ぶ
カウンセリングが生活に根づいているアメリカ

● 日常生活に入り込んでいるクリニック

　本書では心理カウンセラーに関する事柄をいろいろとご紹介していますが、日本では、まだまだメンタル面の問題に対する偏見は残っています。一方で、カウンセリング先進国といわれているアメリカの実情はどうなっているのでしょうか。ちょっと見てみましょう。

　アメリカでは日本に比べて、カウンセリングを受けることに抵抗はありません。なにしろ多文化・多言語国家。コミュニケーションが取りづらい場合も多く、悩みが生まれたら、そのつど解決していかなければなりません。

　そのような社会背景の中で、だれでも気軽にカウンセリングを受ける習慣が根づいたといえます。

● 臨床心理学者とカウンセリング心理学者

　アメリカでカウンセラーになるには大学院において心理学の博士号（Ph.D.）を取得することが最低条件です。そのPh.D.も2つに分かれ、カウンセリング心理学（Counseling Psychology）と臨床心理学（Clinical Psychology）があります。

　アメリカで個人開業するにはPh.D.取得後、資格試験をパスすることが必要です。そして職業上、倫理規定も厳しいのが特徴です。

　個人の悩みを相談できるクリニックのカウンセラーは、経験豊かで厳しい審査を通った頼もしい存在といえるでしょう。

● 尊敬されるソーシャルワーカー（SW）

　アメリカの心理関係の職業で、日本でいわゆるカウンセラーと呼ばれる仕事に近い職種は、福祉施設や病院で働くソーシャルワーカーでしょう。

　彼らはLCSW（Licensed Clinical Social Worker）で修士レベル。職場ではカウンセリングを用いて社会復帰の援助をしています。

　郡や州の社会福祉機関は、ソーシャルワーカーの育成にとても積極的に取り組んでいるようです。

必見！映画で心理学 ❶

17歳のカルテ

■ジェームズ・マンゴールド監督　ウィノナ・ライダー　アンジェリーナ・ジョリー出演

思春期にありがちな心の不安定さからアスピリンの大量服薬をして精神病院に連れてこられた主人公スザンナ。彼女を治したのは、専門医ではなく、同じ病棟の仲間たちだった。

●発売元：ソニー・ピクチャーズエンタテインメント

カッコーの巣の上で

■ミロス・フォアマン監督　ジャック・ニコルソン出演

主人公ランドルは刑務所での強制労働を免れようと精神病者を装い病院へまわされる。そこでの精神病者との交流と、婦長との対立を描く。本当に患者のことを考えた治療とは？ この病院での悲劇は何に起因するのか？ 一言では語り尽くせないとても深いテーマの作品。

●発売元：ワーナー・ホーム・ビデオ

エンジェル・ベイビー

■マイケル・ライマー監督　ジョン・リンチ　ジャクリーン・マッケンジー出演

ハリーはカウンセリング・センターで出会ったケイトに一目惚れ。彼のアプローチに初めは戸惑うケイトだったが、やがてつきあい始める。精神病のカップルの出会いから出産までを明るいタッチで描いた作品。偶数に対するふたりのこだわりが、見る者の微笑みをさそう。

●発売元：オンリー・ハーツ

ビューティフル・マインド

■ロン・ハワード監督　ラッセル・クロウ　ジェニファー・コネリー出演

統合失調症の天才数学者が主人公。長いスパンで描かれていてなかなか見応えあり。幻視がファンタスティックに描かれていて興味深い一方、病気の陰性症状をきちんと取り上げ、この病気の大変さ、生きづらさもしっかり伝えている。

●発売元：ドリームワークス

マレーナ

■ジュゼッペ・トルナトーレ監督　モニカ・ベルッチ出演

第二次大戦中のシチリア。マレーナは既婚者だが、その容貌の美しさのため、街の男性たちからは憧憬の、女性たちからは嫉妬の的。その彼女に対し、少年レナートは一目見たときからほのかな恋心を寄せていた。ある日、彼女の夫の戦死の知らせが届いたところから、前半のおちゃらけムードが一転してシリアスに。ナレーションがレナートの回想調なのも手伝って、思春期の少年の心がよく描かれている。

●発売元：日活

ここからはじめよう
心理学入門

Part-3 カウンセリングの基本を学ぼう

Part-4 心理学がわかる基礎用語

Session-2
カウンセリングの基本を学ぼう 基本的な理論から実践まで

カウンセリングとはプロセスそのもの

　カウンセリングのめざすところとは何でしょうか。

　カウンセリングの場では、クライアントと心理カウンセラーとの間で、問題の解決に向けた言葉によるやりとりがなされます。そのように一緒に考えていく過程で、例えば、直接の問題は解決しなかったけれども、クライアントが自分の可能性に向かって成長し、気持ちが楽になったとしたら、どうでしょうか。

　日常の生活はきれいに解決できることばかりではありません。どちらかというと、あいまいに過ぎ去るもののほうが多いはずです。どちらが正しい答えなのかわからないこともあるでしょう。それでも、クライアントがじっくり考えて自主的に出した結論なら、それがクライアントにとっての正解なのです。

　つまり、カウンセリングのめざすところは、何らかの問題や悩みを抱えたクライアントと心理カウンセラーが一緒に考えて、**クライアント自身が納得する答えを出すプロセスそのもの**であるといえます。

カウンセリングの理論について

　このカウンセリングという言葉についても、理論が違えばその定義に微妙な差異があります。「カウンセリングとは心理治療と同一のことである」と定義す

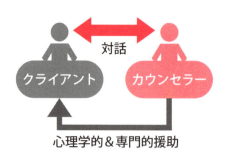

カウンセラーはクライアントの話を聴き、最大限理解しようと努めます。

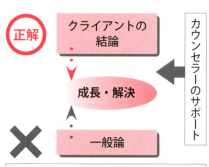

カウンセラーはクライアントが自ら答えを探す過程をサポートします。

る理論もあれば、「カウンセリングとは対話または言語を手段とする心理療法である」「カウンセリングとは助言、情報提供を通して本人が悩みを解消する援助をすることである」などと定義する理論もあり、さまざまです。

しかし、いずれの理論にも共通していることがあり、それは「クライアントの話に耳を傾けて聴く」という心構え、すなわち「**カウンセリング・マインドを持つこと**」です。解決に向けての過程や方法には、心理療法の違いやカウンセ

ラーによって特徴が出てきますが、実際の臨床現場では、基本姿勢にそれほど違いはないといわれています。

以下に、どの理論にも共通する要素を整理してみましょう。

それは大きく3つあげられます。人間の問題や人間自身を理解し、援助する時に気をつけるべきことで、カウンセリングの大前提になるものです。あわせて、基本的な2つのカウンセリング理論も紹介します。

援助するための3つの大前提

1 クライアントが「何を言っているか」ではなく「何を言わんとしているか」を理解できなければならないということ。

2 コミュニケーションには内容とプロセスという2つの側面があり、それらを総合してこそ理解が進んでいくということ。

3 人を理解する場合、部分だけ理解しても役に立たない。その周辺の状況まで含めて考えなければ、その人の問題を理解したことにはならないということ。

基本的な2つのカウンセリング理論

1 **クライアントを理解するための理論**
パーソナリティ論、つまり性格形成に関する考え方は、その人の問題、症状を理解する手立てになる。同時に病理論も必要とする。クライアントの悩みや問題がどのような理由、状況で起こってくるのかを知っておかなければならないということ。

2 **カウンセリングの方法論（アプローチ理論）**
カウンセリングには問題や悩みを解決したり、パーソナリティの成長を手助けしたりする方法論が必要であるということ。

Session-2

Part 3

カウンセリングの基本を学ぼう

37

代表的な心理療法を知ろう
◆心理療法を発展させたパイオニアたち

次に、心理療法について見ていきましょう。心理療法とは心理学の理論に基づいてクライアントを援助する技法のことをいいます。

カウンセリングの場で活用される心理療法には200を超える理論や方法があるといわれています。いずれもさまざまな文化的・社会的な背景をベースに生まれた理論ですから、その多くを知れば実践に活かせる幅は広がることでしょう。それらを全てマスターする必要はありませんし、自分の属する、または共感できる理論以外を否定すべきものでもありません。

ほとんどの理論では、クライアント自身が自分で解決することが最善であると考えます。カウンセラーの立場は「それを共に考えながら援助することである」ということも共通した認識です。

実際のカウンセリングの場では、前項で紹介したカウンセリング理論の2つの柱を中心に、さまざまな心理療法が実践されています。いくつか代表的なものを紹介しましょう。

精神分析療法

フロイト
（1856〜1939）

フロイトによって創始された治療法で、古典的精神分析と呼ばれ、カウンセリングの世界に大きな影響をおよぼしています。

その基盤には、もともと本能のかたまりである人間が、だんだんと理性的な存在になっていく、その過程が発達であるという考えがあります。例えば、男の子の性格は、幼い頃に父親をライバルとみなして母親を奪い合う経験をして形成されると考えられているのもそのひとつです。これは**エディプス・コンプレックス**と呼ばれるものです。こうした幼児期の体験がもととなり、心の無意識の部分が形成されるとしています。

精神分析療法では、クライアントの**無意識の領域に抑圧された本能的部分を解放**することで意識化して、正常な精神活動に転換することを治療の目的とします。クライアントに思いついたことを自由に話してもらい、言語化されたものを解釈する自由連想法、クライアントが見た夢を分析する夢分析などがその代表的な技法です。この療法は時間と費用がかかるといわれています。

ゲシュタルト療法

パールズ
（1893〜1970）

ゲシュタルトとは全体、統合、形態という意味のドイツ語です。**クライアントを統合され成熟した全体像**ととらえる療法です。

心理学者であり、精神科医であるフレデリック・パールズが提唱した理論がもとになっています。行動主義に対するもうひとつの勢力、ゲシュタルト心理学の考えをカウンセリングに取り入れたものです。

すなわち人間はさまざまな要素を足し算して集めたものではないとして、知覚や認知も部分の総体ではなく、全体としてまとまりを作っていると考えます。

この療法では役割演技の技法が用いられ、クライアントが自分のさまざまな部分、不満を持つ自分、それを非難する自分などを演じていきます。そうして思いがけない自分に気づき、ゆたかな人格像に近づくことができるのです。

ゲシュタルト療法の技法の一例

技法	内容
ホット・シート	イスを用いて、その上に、イメージの中の他者や自己を座らせて対話する技法。
未完の行為	やりたくてやれなかったことをやってもらう。両親のいない人に「お父さん」「お母さん」と呼ばせるなど。
ドリーム・ワーク	夢の中の登場人物や事物になりきって「今、ここ」で再現し、その気持ちを語る。
発言内容と正反対のことを言う	「私は気が小さい」と言うクライアントに、「私は気が大きいです」と何回も言わせ、自分の反動形成に気づかせる。
できないことをする	「人前では話せない」と言う人に、「今からあなたは人前でも平気でおしゃべりできる人間を演じてください」とロールプレイさせる。
トップ＆アンダー・ドッグ	「ねばならない」自分と「〇〇したい」自分を対話させる。

行動療法

明確な創始者はいませんが、心理学者のアイゼンクが行動療法という名称を広めたといわれています。ウォルピ、スキナー、バンデューラ、ベックなども有名な行動心理学者です。

背景にある学習理論では、**人間は生まれたときは白紙の状態であり、成長の過程でいろいろと色づけされていく**と考えます。行動療法においては、クライアントの心理状態に働きかけるよりも、行動の変容を治療の目的としています。心理面にほとんど注目しないという点で、心理療法の中では特殊であるといえます。

行動療法の理論モデルは、新行動SR仲介理論モデル、応用行動分析モデル、社会学習理論モデル、認知行動療法モデルなど、複数存在します。さまざまな理論モデルから考案された技法をいくつか紹介しましょう。

系統的脱感作法	不安や恐怖といった感情は誤った学習の結果であるととらえ、それらに拮抗する反応を新しく段階的に学習させることによって、ネガティブな感情を消去することを目的とする技法。
フラッディング法	クライアントが恐怖や不安を感じる場面にいきなり直面させ、実際には何も起こらないことを理解させる技法。
トークンエコノミー法	トークンとは代用貨幣のことをいう。目的行動に対して適切な反応をクライアントがした際、報酬としてトークンを与え、望ましい行動が起きる頻度を上げる技法。
バイオフィードバック	クライアントの心拍数・脳波・体温・血圧などの生理的な活動を、装置を用いて測定し、その数値をクライアントにフィードバックすることにより、自分でコントロールできるようになることを目的とする技法。心身症やストレスの緩和などに有効とされている。

論理療法

アメリカのアルバート・エリスによって提唱された心理療法です。人にはいろいろな思い込みがあります。エリスはこの**思い込み、信念**を「**ビリーフ**」と呼びました。もし、クライアントが生きづらさを感じる結果になるのであれば、無意識のうちにとらわれているこの信念体系そのものに問題があると、論理療法では考えます。したがって、論理療法では、クライアントが抱いている不合理なビリーフを、論理によって合理的なビリーフへと変えていくことを目的とします。

カウンセラーはクライアントを縛りつけている思い込み(**不合理なビリーフ**)を見つけて反論し、論理的に説得していきます。例えば人前でのスピーチに失敗しても、「失敗しても全てがダメなわけではない」(**プラスの感情**)と認知できるように、ビリーフの修正をしていくのです。

エリスの理論は、クライアントにとっての「出来事」(Activating event)、それをとらえる「信念体系」(Belief)、その「結果」として抱く感情(Consequence)、誤ったビリーフの「論駁」(Dispute)、正しいビリーフをクライアントが導き出せるようになる「効果」(Effect)のそれぞれの頭文字をとって、ABCDE理論と呼ばれています。

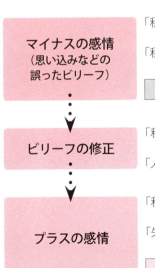

家族療法

家族療法は、システム論を基盤とした新しい理論的枠組みによる療法で、**家族をひとつのまとまりを持ったシステムとみなして、個人ではなく家族システムそのものを対象**とします。家族システムが機能不全に陥っているために、最も感受性の強いメンバーの問題行動や症状が起きていると考えるのです。現在20以上の理論があるともいわれています。

例えば子どもが不登校になった時、従来の伝統的な個人精神療法ならば、子ども個人を対象にして関わりますが、家族療法では家族システムそのものに関わります。家族の人間関係そのものに問題がある場合があるので、家族の各メンバー同士の相互作用に焦点をあてていくのです。この不登校になっている子どものように、症状や問題を抱えた家族のメンバーはIP（Identified Patient：患者の役割をになう人）と呼ばれます。IPがゆがんだ家族システムの犠牲になっているおかげで、家族内の均衡が保たれているとみなすのです。

IPの問題行動や症状は過去に起因するという直線的な因果関係ではなく、さまざまな因果関係が連鎖的につながっているという円環的な因果関係からIPの問題行動などをとらえます。したがって、過去よりも現在を、内容よりもプロセスのほうを重視します。

家族療法では、家族というシステム全体がクライアントに影響をおよぼしていると考えます。

来談者中心療法

ロジャーズ
（1902〜1987）

臨床心理学者ロジャーズの理論です。人間は誰でも豊かに成長する資質を持っていて、日々の生活はその成長へ向かうもの、とする考えです。段階的に発展していった理論なので、クライアントが成長する力を重要視していた初期の頃は「非指示的療法」と呼ばれていたこともあります。

彼はカウンセラーに必要な態度は、①**自己一致**、②**無条件の肯定的尊重**、③**共感的理解**としました。それぞれについて詳しく説明しましょう。

①は、そうあるべき自分である「自己概念」と、あるがままの自分である「自己経験」が一致している状態のことを指し、健全なパーソナリティの状態であるとされます。まずは心理カウンセラーが健全な状態でいることが必要だということです。②は、クライアントの良い面もそうでない面も無条件に受容し、ひとりの独立した人間として認めることをいいます。クライアント自身が自分のことを認められないことがあるからです。③は、クライアントの主観的な世界を、カウンセラーがあたかも自分が感じているかのように感じることをいいます。そうしながらも完全には巻き込まれないようにして、感情の反映をすることで、クライアントが自分自身の感情の動きを理解できるように促すことを目的とします。

以上の3条件に加え、「**傾聴**」することを重要視しました。ひたすら傾聴することでクライアントとの信頼関係が作られ、信頼関係が形成されれば、クライアントはおのずと自分の内的な世界を語り始めると考えたのです。

✳︎ 興味に沿ってさらに学習を

カウンセリングの場で活用される心理療法にはさまざまな種類があり、ひとつの療法にもその背景にはいろいろな理論があります。ここであげたものはそのほんの一部です。まずは自分が興味を抱いた療法とその理論から学びはじめてはいかがでしょうか。

どの心理療法においても、きちんと理論を学び、しっかりと指導を受けることが重要ですが、それ以外の療法にも目を向けて視野を広げていく姿勢も必要です。

Column

カール・ユング　意識と無意識

　精神分析といえばフロイトが有名ですが、弟子であるユングを取り上げないわけにはいきません。彼の理論は難解ですが、それは創成期ゆえの概念や理論の変遷のためといわれています。

　ユングは初め、フロイトの愛弟子として大変期待されていました。しかし、心のエネルギーである「リビドー」の概念への考え方の違いから、数年で離反してしまいました。リビドーをフロイトは性的なものに限定したのに対し、ユングは心的エネルギーそのものであると考えたのです。

　また、「無意識」の考え方も大きく違っていました。無意識は意識と対立する関係にあることをフロイトは強調したのですが、ユングはむしろ無意識は意識の母胎であり、自律的なものであると考えました。さらに、無意識には、個人的な層（個人的無意識）と、人類共通の普遍的な層（普遍的無意識・集合的無意識）の2つの層があると仮定しました。この普遍的（集合的）無意識の中には心の元となる元型（Archetype：アーキタイプ）が存在すると仮定しました。これは、人類が共通に持っている、イメージを生み出す「もと」となるものです。

　ユングは、アーキタイプが異なる文化の下であっても人類に共通する特徴であることを調べるため、北アメリカ大陸の原住民であるネイティブ・アメリカンの村を訪ねたり、アフリカ、アジアなど世界各地を回ったりしました。その結果、「人間を分類することは無意味なことであり、類型論は人を知るうえでの単なる手がかりにすぎない」という答えにたどり着いたのでした。

　日本においては、ユングの心理学は河合隼雄によって紹介されました。箱庭療法が普及したこともあって、現在ではユング心理学が広く知られるようになっています。

ユング
（1875〜1961）

Session-2

eラーニングや通信教育で心理カウンセリングを学ぼう

カウンセリングを学びたいけれども、時間が取れなかったり、スクールが近くになかったりという場合があります。そんなときの方法のひとつとして、eラーニングや通信教育を始めてみるのはどうでしょうか。

ただこれらの方法は一人で学ぶことになりますから、単調になりがちで、よほど意志を強く持たないと最後までたどり着けません。またカウンセリングの手法を学ぶには、これらの方法だけでは限界があるのも事実です。実際に独学だけでは理解できない所が必ず出てくるでしょうし、多くの受験生とともに集団で学ぶからこその利点もあります。それらの解決法として実技やスクーリングのある講座を選ぶと、理解があいまいになることなく、学ぶことへの刺激も得られるでしょう。

次にeラーニングや通信講座を開設しているスクールの一例をあげました。

●一般社団法人日本産業カウンセラー協会
「産業カウンセラー養成講座®」
受講者は、eラーニングで講義視聴（44時間相当）と理解度確認テスト（13時間相当）を受けます。ほかに面接の体験学習（104時間）、面接の体験学習に関する在宅課題6課題（28時間相当）があります。講座は全国で開催されており、6か月コースと10か月コースがあります。

〒105-0004
東京都港区新橋6-17-17
御成門センタービル6階
一般社団法人日本産業カウンセラー協会
https://www.counselor.or.jp/

●生涯学習のユーキャン
「心理学入門［生活心理学］講座」
心理学入門ともいえる内容の講座です。オリジナルの心理テストで自分の性格傾向を知り、同時に添削指導で短所を長所にするプラス思考のアドバイスが受けられます。心理学の応用を学びます。

〒169-0075
東京都新宿区高田馬場4-2-38
https://www.u-can.co.jp/

●ヒューマンアカデミー
「メンタルケア心理士®講座」
メンタルケアの専門家として活躍していくための知識とスキルの習得をめざします。質問は、在籍期間内ならば何度でもすることができ、担当講師がしっかりフォローしてくれます。公的学会認定資格メンタルケア心理士®をめざせる講座です。標準学習期間は4か月です。

〒160-0023
東京都新宿区西新宿7-8-10
オークラヤビル5階
https://www.tanomana.com/

Session-2 心理学がわかる基礎用語

※ 知れば知るほど役に立つ

カウンセリングを知る用語

インテーク面接
● intake interview

クライアント（相談者）に対して最初に行われる面接のこと。受理面接、初回面接ともいう。インテーク面接の目的は、クライアントの相談の主旨を明確にし、抱える問題の内容を把握して、このクライアントにカウンセリングが可能か否かを判断し、可能であれば治療の方針を決めたり、問題解決の手がかりをつかんだりすることである。氏名・生年月日・学業成績・現病歴・家族構成などの事務的な情報やその後のカウンセリングに必要と思われる事項についての情報収集を行う。

共感的理解
● empathic understanding

感情移入的理解と訳されることもある。ロジャーズによれば、共感的理解は、ありのままのその人の状態を失わず（いわば来談者の感情に巻き込まれることなく）、来談者の私的世界をカウンセラー自身も感じる状態をいう。共感的理解は、カウンセリング、心理療法における基本的態度のひとつといえる。

コンサルテーション
● consultation

問題を抱えるクライアントと関係の深い人物に、カウンセラーの立場から提案・助言などを行うこと。例えば、学校現場であれば、問題とされる生徒の担任教師や家族が関係の深い人物となる。コンサルテーションを行う際、解決法を伝えるのではなく、関係の深い人物（たち）が自らの力でクライアントの問題をサポートできるように助言するのがよいとされる。カウンセラーの側からすれば、間接的にクライアントを援助していることになる。

自己開示
● self-disclosure

自分の情報（感情、経験、人生観など）を他者に言葉で伝えることを指す。自分のことを適切に伝えられると、相手もそれに応えて思っていることを語り始め、そういう人間関係が深まっていくと、日常生活が生き生きしてくる。自己開示には感情を吐き出すことで浄化したり、話すうちに自分の意見や態度が明確にまと

まったり、自分の能力や意見の妥当性を評価できたりするなどの機能がある。

心理テスト
● psychological test

臨床場面において、クライアントの個別性を明らかにしたり今後の治療構造を決定したりするために行われる。大きく分けて、知的・発達水準を調べる知能検査・発達検査、意識レベルでの性格傾向を調べる質問紙法、いわゆる深層心理といわれる無意識レベルを調べる投影法の3つがあげられる。

例えば、投影法のひとつであるロールシャッハ・テストは、10枚の左右対称のインク・プロットで構成されている。インクのしみが何に見えるか答えてもらい、その反応を記号化して整理する。そのデータに基づいて、被検者の知的レベル、情緒面、対人関係でのあり方などの各側面について解釈を行い、人物像を把握する。

単一の心理検査のみで人物像を把握するのはまれで、多くの場合、いくつかを組み合わせて用いる。これを、テスト・バッテリーという。

転移
● transference

カウンセリングや心理療法をしていく中で、クライアントが無意識にカウンセラーや治療者に対して、親など過去に出会った人物に対して抱いたものと同様の感情や態度を示す時がある。これは転移と呼ばれ、陽性と陰性に分かれる。陽性転移の場合は信頼、感謝、尊敬、情愛など、陰性転移の場合は敵意、不信、恨み、攻撃性などの感情となってそれぞれ表れる。治療者はこれらの感情を分析することでクライアントの心の中核に迫っていき、治療に活かすことができる。クライアントが自分の依存や不安に気づき、こうした転移を乗り越えた時、治療者との信頼関係が深まりカウンセリングもスムーズに進む。

また治療過程で、反対に治療者の側がクライアントに特殊な感情（恋愛感情など）を持つようになることを逆転移という。

投影
● projection

人はさまざまな欲求を持つが、それらが全て満たされるとは限らない。欲求が満たされなくて心理的に苦痛な状態をうまく調整する心の動きを防衛機制という。防衛機制には多くの種類があるが、「投影」はそのひとつで、受け入れがたい感情や衝動、観念を自分から排除して、ほかの人がそれらを抱いているとみなすことをいう。

疑心暗鬼といった場合のように、正常な心理過程でも見られるが、より病理の重い場合に現実吟味能力の低下を伴ってしばしば生じる。妄想的な患者は、自分自身の憎しみを抑圧してそれを相手に投影するために、その相手が自分のことを傷つけるように感じると考えられる。

Session-2

Part 4

心理学がわかる基礎用語

47

心理療法に関する用語

アサーション
● assertion

　飲食店で自分が注文したものと違う料理が出てきた時、どう対応するか？我慢して黙って食べる、店員を呼びつけて激しく叱責する、料理が違うことを店員に冷静に伝えて作り直してもらう……など、反応は様々。精神科医のウォルピは、こうした反応を非主張的・攻撃的・アサーティブに分類し、人はTPOでこれらを使い分けていると考えた。一般に、アサーションは「自己主張」と訳されるが、実際は、相手と自分のお互いの人間性を尊重するため、「自他尊重」ととらえるのが良いだろう。

アンガーマネジメント
● anger management

　怒りの感情はあまり良いものと思われない傾向にあるが、表現しないで抑え込んでいるとストレスがたまって心身に影響を及ぼしかねない。怒りの背景にある、劣等感や悲しみ、悔しさなどの感情を見すえ、衝動的に発散するのではなく、その場にふさわしい形で適切に表現できるようにコントロールすることをアンガーマネジメントという。簡単にできる技法としては、怒りの感情が湧いたら6秒数える「6秒ルール」がある。

オペラント行動
● operant behavior

　米国の心理学者B.F.スキナー博士によって提唱された。スキナーは、レバーを押すとエサがもらえる装置を設置した箱の中にネズミを入れ、実験を行った。ネズミは初め、レバーの存在に気づかないが、次第にレバーを押せばエサがもらえることを学習し、自発的にレバーを押す行動を繰り返すようになる。このように、オペラント行動とは、特定の誘発刺激がない、自発的反応のことをいう。人間でも同様に、人に挨拶をするという行動は、挨拶をしたことにより相手から挨拶が返され、それが何度も繰り返されることによってその人の挨拶は習慣化される。

　このオペラント行動を利用したのが応用行動分析学であり、問題行動の矯正などに利用されている。

芸術療法
● art therapy

　人間は心の中にあるものを、表現したいという欲求を持っているとされていることから、創造する過程や出来上がった作品を鑑賞することが自己治癒につながるというもの。また歌ったり、ダンスをしたりすることで発散される効果もある。つまり絵画やダンスなどの芸術を用いて、言葉にできない、心の奥深い部分を表現し、一方で、作品にはクライアントの無意識が映し出される。箱庭療法、音楽療法、詩歌療法なども含まれる。

行動療法
● behavior therapy

アメリカではすでに1960年代から、自閉スペクトラム症児やアルコール依存症、肥満症の治療など幅広い分野に応用されている。

考え方の基本に学習理論があり、不適応行動は誤った行動を学習してしまった結果と考え、その誤った行動を消去すること、あるいは正しい行動を新しく学習することによって治療を行う。例えばアルコール依存症患者への行動療法の場合、自分がアルコール依存症であり、断酒が必要であることを認識することから始める。飲酒行動という不適応行動を習得してしまったと考え、その不適応行動をさせているのは何かを、患者自身が認識して分析、検討し、飲酒を必要としないという行動を新たに学習し修正していく（P.40参照）。

交流分析
● transactional analysis

フロイトの精神分析を基盤として、精神科医バーンによって創始された心理療法。人はだれでもP：parent、A：adult、C：childの3つの心の領域（自我状態）を持っているとする。P、A、Cのバランスは人それぞれであり、そこに個性があるが、一方で極端に偏っていたり柔軟性がなかったりすると、対人関係でトラブルが生じたりする。Pとは親心のことでいわゆる父親的な心（CP）と、母親的な心（NP）とがある。Aとは情報を収集し現実の状況を的確に判断し冷静に計算する心、いわゆる大人の心である。Cとは子どもの心のことで、自由な子ども心（FC）と従順な子ども心（AC）とがある。

催眠
● hypnosis

催眠誘導と呼ばれる人為的な暗示操作によって引き起こされる、覚醒時とは異なる意識状態のこと。催眠時は暗示にかかりやすくなっており、この状態を利用して治療効果を期待したものが催眠療法である。催眠状態には深さの程度があると考えられていて暗示によって深化させていく。一般的に催眠療法は、リラクゼーションと暗示による症状の除去を狙いとしているが、面接治療の途中段階で用いられることもあり、適用対象は幅広い。

精神分析
● psychoanalysis

フロイトによって始められた学問体系。人間の精神生活や行動の理解のカギは、無意識における欲求の原動力となる精神的エネルギー（リビドー）にあると考える。彼は神経症の治療に「自由連想法」と呼ばれる方法を用いて人間の深層心理を探り、臨床経験を通してその理論を発展させた（P.38参照）。

箱庭療法
● sandplay therapy

クライアントが砂の入った木箱にさまざまなミニチュアを置く、砂で山を作るなどの方法で言葉にはならない部分の表現をする心理療法。

Session-2

Part 4 心理学がわかる基礎用語

49

森田療法
●Morita therapy

　1920年頃に慈恵医大の森田正馬（まさたけ）教授が始めた人間の治癒力を尊重する心理療法で、世界各国で実践されている。神経症患者に特有の、感情のとらわれの悪循環から脱して、あるがままに受け入れ、やるべきことを目的本位、行動本位に実行させる、ということを目標とする。第1期のひたすら床に伏す状態から、第2期軽作業期、第3期作業期、そして第4期社会復帰期という経過で、感情のとらわれを克服していく経験をする。入院の正式日数は40日間とされているが、60〜90日間が多い（P.154参照）。

集団療法を知る用語

エンカウンター・グループ
●encounter group

　アメリカの臨床心理学者ロジャーズによって始められた集中的グループ体験のひとつ。エンカウンターとは、「出会い」の意。10人前後の参加者とファシリテーターと呼ばれる促進者1〜2人からなるグループで、日常生活から離れた場所で数日間合宿をする。合宿所では、1回につき数時間のセッションを何回か行う。セッションは、畳の部屋で車座になって行われることが多い。それを通して、個人の自己成長・自己開発の促進や、対人関係の改善などを図ることが目的である。

　1960年代のアメリカは産業社会への転換期で、人間性の疎外が問題になった時期に、人間が人間らしく生きるということをめざして、エンカウンター・グループをはじめ、Tグループ、感受性訓練、ゲシュタルト・グループなどの集中的グループ体験が盛んに行われたという歴史的背景がある。

サイコドラマ
●psychodrama

　精神科医モレノが始めた、ドラマ形式を用いたグループ療法。普通の演劇とは異なり、初めから舞台に演じる役者がいるのではなく、参加する人々が自分自身の問題を解決するために自分で演じる。

　このドラマには脚本がなく、即興的にその場で自分が抱えている悩みをほかの参加者を前に演じることで伝え、自分自身気づかなかった「自分の心の問題は一体何なのか」ということを明らかにする。「本当はどうしたいのか」ということを演劇で行うことによって、実生活でのストレスの軽減や、自発性や創造性、抱えていた心的葛藤の整理などが促進され、クライアントが気がつかなかった自分自身の姿を客観的に見ることの一助となる。

トレーニング・グループ（Tグループ）
●training group

　組織内の技術の向上や、個人の成長

を目的としたグループ体験的手法。主に郊外で行われ、1グループ10人前後で、それにトレーナーと呼ばれるグループ・リーダーが1〜2人加わる。さらにそれにオブザーバーが1〜2人加わることもある。グループ・メンバーは円く並べられたイスに座り、「今、ここで」のグループの動きに集中するよう求められる。その中で起こる情緒的体験から自他の存在を認め、人間関係のあり方や主体的な生き方を考えさせられるようになる。

1946年にレヴィンらが行った人間関係ワークショップから偶然生まれたのが始まりとされる。

ピア・カウンセリング
● peer counseling

ピアは仲間という意味。ピア・カウンセリングとは同じような悩みや問題を持った人同士で行う相談のこと。例えば障害のある人たちがいつも介助者がいるためになかなか本音を話せない場合、ピア・カウンセリングで心から話して、気持ちをリフレッシュさせる。自然に備わっている友好的な気持ちをよりどころにしているため、学校ではいじめの問題で効果が期待できる。

精神分析を知る用語

イド、自我、超自我
● id, ego, superego

「イド、自我、超自我」は、精神分析学者フロイトによって提唱された、精神構造を3つに分けた概念。フロイトによると人間の精神構造は「イド、自我、超自我」から成り、その中でイド(id)とは、人の精神エネルギーの源泉にあたる。イドは快楽原理[*]に基づいて、本能のままに「今すぐあれがしたい」「これが欲しい」という欲求を出して満足を求める。

このイドの上に存在し、理性的にイドをコントロールするのが自我(ego)である。自我は本能的な欲求を現実に合った形にする役割や、その欲求をかなえるために必要なプランを立てるなどといった準備行動を作り上げる。例えば、「嫌いな仕事でも家族の生活のためだ」と思い、仕事を続けることは自我の働きによるものである。

最後に、超自我(superego)とは常に道徳的、意識的であろうとする部分である。子どもは親から叱られたりほめられたりすることで、行動の善し悪しを学ぶ。幼い頃は親の判断基準に従っているが、成長するにつれ、「これをやっては他人に迷惑がかかるからやってはいけない」と自分で判断できるようになる。この意識が超自我である。超自我は自我よりも強く、イドを律する。つまり、自我はイドと超自我の間に立つ調整役であり、3者の関係はそれぞれ、自動車、ドライバー、交通法規になぞらえることができよう。

＊快楽原理 pleasure principle

快楽を求め、苦痛を避けることで、最大の効用のあるものを求めようとする人間の行動原理。フロイトにおいては、緊張の高まることが不快でその緊張を解消することが快とみなされる。

エディプス・コンプレックス
● Oedipus complex

精神分析の基本概念のひとつ。男児が異性である母親に愛情を、同性である父親に敵意を無意識のうちに向けるという感情のこと。エディプス・コンプレックスという名前は、ギリシャ神話『エディプス王』に由来する。エディプスの両親ライオス王と王妃イオカステは、「息子が父親を殺し母親を妻にする」という神のお告げを聞く。王は生まれたばかりのエディプスを山中に捨てさせた。エディプスは助けられ、ほかの国で王子として育てられる。青年となった彼は、出生の真相を知ろうと神殿に出かける。そこで「実の母と交わり、実の父を殺す」という神託を聞き、その事態を避けるべく、放浪の旅に出た。その道中で出会った一団といさかいを起こし、相手を殺害してしまう。それがライオス王だった。そして、スフィンクスを倒した彼は、空席の王位に就き、実母と結婚したのだった。その後、真実が明らかになったとき、ショックから王妃は自殺し、エディプスは両目を刺し貫き盲目となったという。

エレクトラ・コンプレックス
● Electra complex

ユングが女児におけるエディプス・コンプレックスを表す用語として使用した。3～6歳の女児が父親に愛情を感じ、母親へのライバル心を持つことで起こる心の葛藤のこと。エレクトラはギリシャ神話に登場するアガメムノンの娘である。ギリシャ軍を率いてトロイ戦争に彼が出征している間に、妻のクリュタイムネストラは敵のアイギストスと通じてしまう。そして、共謀して、凱旋してきたアガメムノンを浴室で殺害する。その後、アイギストスはエレクトラを貧農のもとに預けて追い出すが、彼女は弟とともに父の仇を討ったのだった。母親は許しを請う際、かつて彼女らの口にふくませた乳房を見せたという。

カタルシス
● catharsis

苦痛や悩みなどを自由に表現するとその苦痛が解消されることを指す精神分析用語。苦痛を発散し、解消することができないと、心身症などの身体現象や、家出、暴力、自殺などの行動現象、不安やノイローゼなどの心理現象などの問題行動として現れる場合もあると考えられている。

去勢不安
● castration anxiety

フロイトの考えた発達段階のひとつで、男根期＊に幼児が抱く、ペニスが切り取られるのではないかという空想からくる不安のこと。

男根期に幼児は性器の違いに大いに関心を持つ。そして、身体的相違について「女児は本来あったはずのペニスが去勢されたのだ」という空想を抱き、同時に不安を覚える。また、この時期はエ

ディプス・コンプレックスが最も強く、父親に敵意を持ったために父親から去勢をされてしまうという不安も持つのである。

＊**男根期**　phallic phase
ペニスの有無で優劣を評価してしまう時期。

元型：アーキタイプ
●archetype

　ユングの提唱した概念。フロイトが無意識を個人的なものに限って考えたのに対し、ユングはさらにその底に人類共通の生来的な無意識の層があると考え、これを「普遍的（集合的）無意識」と呼んだ。そして、それが意識化されるとき、ある種の類型化されたイメージとなって現れる。この潜在的なイメージのパターンが元型である。代表的なものとして、外界に適応するために個人が他者に見せる態度や顔である「ペルソナ」、男性における女性イメージの「アニマ」、女性における男性イメージの「アニムス」などがある。アニマとは本来ラテン語で〈魂〉〈風〉〈呼吸〉〈心〉〈生命〉を意味する（P.44参照）。

コンプレックス
●complex

　精神分析的概念で、無意識に抑圧されている、自我を脅かすような心的内容が一定の情動を中心に絡み合って構成されているまとまりのこと。一般的に「コンプレックス」と呼ばれているものは、劣等感コンプレックスというもので、本来コンプレックスは劣等感だけを指し示すものではないのである。

ライフスタイル
●life style

　アドラーの提唱した用語。個人の持つものの見方や考え方、生き方を指す。すなわちその人独自の人生における目標志向性や、自己決定を表すものである。それは、固定的なものではなく、その時その時の行動の中に表され続ける、いわば態度の集合体であると考えられる。

劣等感
●inferiority complex

　アドラーの概念。彼によれば、劣等感とは自分の理想と現状評価とがかけ離れているという主観的な感覚のこと。したがって、自分と他者を比べて、相対的に見て劣っていると思う感情とは異なる。彼は、人間の行動の根源的エネルギーは劣等感を補償することに由来するとした。

Session-2

Part 4　心理学がわかる基礎用語

心身の発達に関する用語

愛着
●attachment

　とくに幼児期までの子どもと育てる側との間に形成される母子関係を中心とした情緒的絆のこと。具体的行動としては、愛着を抱いた対象への接近や接触、後

53

追い行動、微笑、発声、泣き行動などがある。子どもの愛着行動に母親が適切に応答すると母子間には安定した情緒的な関係が成立し、基本的な信頼関係の形成の基礎となる。

アイデンティティ
●identity

アイデンティティは「自我同一性」または「自己同一性」と和訳される。青年期は身体的な変化に加え、自己に目覚める時でもあり、変化が激しい時期。また自立を志すが、社会的な経験が不足していて一人前とは認めてもらえない。エリクソンはこのような青年期の発達課題としてアイデンティティの概念を提起した。この時期に自分とは何か、つまり「自分はどんな人間で、将来どんなことがしたくて、自分の生きている意味は何か」ということを考え、自分らしさを獲得することが大切であるとしている。

また、自我の同一性の確立過程で、一時的に自分が何者か、将来どうしたらいいのかわからず、模索している状態のことを「アイデンティティの拡散（モラトリアム）」と呼ぶ（P.59参照）。一人前の大人としての役割が見つからないので、「自分とは何か」などの疑問が出てきて、葛藤が起き、自分をひとつに統合できない状態を指す。高学歴社会の今、このような状態の青年が増えている。

アダルト・チルドレン
●adult children

夫婦げんかが絶えない家庭、親がアルコール依存症患者である家庭など、精神的に不安定な環境で育ち、子どもらしい時代を過ごせなかったという意味でその人を「アダルト・チルドレン」という。

大人になっても自分の気持ちをうまく表現することができないのが特徴で、泣きたいときに泣くことができず、抑圧された感情が怒りとなり急に爆発することなどもある。また、親などを信頼することができない子ども時代を送ったため、他人に対して不信感を持ちやすく、必要な援助を求めることが不得手である。

ほかには孤立感、無気力、過剰反応、自己評価の低さがあげられるが、「アダルト・チルドレン」は病気でも医学用語でもない。感情をうまく表現できず、周囲に気を遣い生きづらくなっている状態のことを指す。アダルト・チルドレンとは、そうであることを自らが認め、自分を育てていくための努力をするという肯定的な意味を持った言葉でもある。

学習障害：LD
●learning disorder/learning disability

発達障害に分類されるもののひとつ。文部科学省文部科学省のホームページでは「学習障害は、全般的に知的発達に遅れはないが、『聞く』『話す』『読む』『書く』『計算する』『推論する』といった学習に必要な基礎的な能力のうち、一つないし複数の特定の能力についてなかなか習得できなかったり、うまく発揮することができなかったりすることによって、学習上、様々な困難に直面している状態」をいうとされている。DSM-5（P.59参照）では「限局性学習症」（SLD）

という名称で紹介され、①読字障害、②書字表出障害、③算数障害の3つの特徴があるとしている。

ギャングエイジ
●gang age

小学校の中学年から高学年頃にかけて、子どもたちは急速に仲間意識が発達し、多くは同年齢の児童と閉鎖的な小集団（ギャング）を作って、そこで遊びや活動をすることを喜びとするようになる。この仲間は家族以上に大きな影響を持つもので、大人から干渉されない自分たちだけの集団であることを望んでいる。このような時期をギャングエイジと呼ぶ。

自閉スペクトラム症／自閉症スペクトラム障害：ASD
●autism spectrum disorder

発達障害に分類されるもののひとつ。1943年に児童精神科医のカナーが初めて自閉症の概念を提唱したが、翌年オーストリアの小児科医ハンス・アスペルガーによって、言葉の遅れのない自閉症とよく似た特徴を持つ症例が発表された。これらの症例を受けて、1981年にイギリスの精神科医ローナ・ウィングは、両者を3つの共通点（3つ組の障害）がある連続体としてとらえる考え方を提唱した。

現在DSM-5では、①社会的コミュニケーションと対人的相互反応の欠陥、②行動、関心、活動における限定的で反復的な様式などの2要件を満たす者をASDに該当するとしている。

また、かつては自閉性障害と分かれていたアスペルガー症候群は、現在の診断基準ではASDに含まれ、連続体の一部とされている。

注意欠如・多動症／注意欠如・多動性障害：ADHD
●attention-deficit hyperactivity disorder

発達障害に分類されるもののひとつ。①不注意：ひとつのことに注意を向けることができずに気が散りやすい、②多動性：じっとしていられず不適切な状況で走り回ったりする、③衝動性：何かをしたいと思うと、結果を考えずに行動する、の3つを特徴とする。これらの特徴のうち、どれが強く表れているかによって「不注意優位型」「多動-衝動性優位型」「混合型」の3タイプに分類される。有病率の男女比は2:1〜9:1と男子に多く、成人になるにつれて多動性はおさまるものの、衝動性や不注意が目立つようになる傾向にある。

ホスピタリズム：施設病
●hospitalism

母親から離れて乳児院や養護施設で育った子どもに見られる、心身両面にわたる障害のこと。母親の愛情を断たれた子どもは、初めはあらゆる人にすがりつこうとするが、次第に発達が停止してきて無気力状態から最終的には自閉状態に陥る。病気にもかかりやすく、またいったんかかってしまうと治りにくいという身体的変調もきたす。

レディネス
●readiness

ある特定の事柄を学習するには、学習者が一定の発達を遂げていることが

Session-2

Part 4

心理学がわかる基礎用語

55

必要であるが、そのような学習成立のための準備性のことをいう。例えば、書き言葉を学習するためには話し言葉が十分に発達していることが望ましく、この場合話し言葉は書き言葉の学習のレディネスといえる。

心におけるさまざまな状態・症状

うつ病
● depression

真面目で責任感が強く、几帳面で、仕事熱心な性格（病前性格）の持ち主がうつ病になりやすいとされ、10人に1人が一度は経験するともいわれている。現代病のひとつとされ、ストレスの多い環境や急な生活環境の変化などが発症の引き金になると考えられる。

うつ病の症状には、夜中に何度も目が覚める、熟睡できない、朝早く目が覚めるなどの睡眠障害、体がだるい、食欲低下、頭痛などの身体症状、気分が憂うつ、悲しい、不安でたまらないなどの気分・感情の障害、物事がおっくうになる、興味・関心がなくなる、喜びを感じなくなるなどの意欲の障害、悲観的になる、自分を責める、自分がだめな人間に思えるなどの判断力の障害、動作が鈍くなる、身の回りのことができなくなる、自殺企図などの行動の障害がある。

うつ病は、ストレスや環境要因などだけでなく、脳内の神経伝達物質の働きが悪くなることからも起こりうるもので、決して気の持ち方や精神論で治るものではなく、的確な服薬と十分な休養などが必要である。

強迫性障害
● obsessive-compulsive disorder

嫌な思考、心的イメージ、言葉などが、何度も繰り返して意識にのぼり、それらを認めながらも、気にすまいとすればするほどますます強い不安や嫌な思いを伴う状態に陥る。このような繰り返し意識にのぼる観念を「強迫観念」といい、それを払拭するために儀式的な行為（強迫行為）をする。例えばひまさえあれば手を洗う、鍵をかけたかどうか何回も確かめる、本をアイウエオ順に並べる、ある物がしかるべき所にないとき、きっちりと直すなどといった行為を指し、これらの行為で不安感は軽減されるが、この行為自体が苦痛になる。いずれも本人が自覚しているという点で、精神病とは区別される。アメリカでは人口の2％に見られるともいわれていて、生活に支障をきたさなければ、めずらしい症状ではない。

心的外傷後ストレス障害：PTSD
● post traumatic stress disorder

傷害や虐待、レイプや交通事故の被害者、殺人被害者の遺族、自然災害の被災者などの体験が原因となって現れる精神的後遺症。

上にあげた自らの処理能力を超えるよ

うな強烈な体験をした場合、心はその体験から自らを守るために、嫌な記憶を冷凍してしまう機能を持つ。とりあえず、忘れ去られた記憶は時間の経過とともに変化することなく眠っている。しかし、時間が経過した後に、何らかの理由で冷凍されていた記憶が解けた場合、非常に生々しいかたちで心の中に戻ってくる。症状は、激しい恐怖感や無力感、悪夢やフラッシュバック（過去と同じ出来事の再体験）、感情が萎縮することによる極度のうつ状態、睡眠障害、易怒性、集中困難、過度の警戒心、驚愕反応、生理的反応など。

主な治療法としては、グループ心理療法があげられる。同じ事件の被害者、同じ境遇の経験者がグループになってその体験を語り合い、自分の症状を客観的に見ることができるよう訓練する。フラッシュバックがPTSDの疾患による現象だと認識し、その症状に悩んでいるのは自分だけではなく、またそれが特殊なことでもないということを知ることで、孤独感が軽減する。

LGBTQs
● LGBTQs

LGBTQは、Lesbian（女性同性愛者）、Gay（男性同性愛者）、Bisexual（両性愛者）、Transgender（出生時の性と性自認が異なる人）、Questioningまたは Queer（自分のセクシュアリティを決めたくない人・探索中の人）の頭文字である。そして、その他の多様な性を指す「s」をつけたLGBTQsという言葉が性的マイノリティーの人たちの総称として使わ

れている。以前はDSMで「性同一性障害」とされていたものが、第5版では「性別違和」と改訂され、少しずつ多様な性のあり方が認められてきている。

摂食障害（拒食症・過食症）
● eating disorder

体重や体形へのこだわりや、精神的な理由から、食べることに何らかの障害があること。若い女性に多く見られるが、小学生や主婦、男性など年齢や性別を問わず誰でもなりうる病気といえる。

摂食障害の中で、有名なのは拒食症と過食症。拒食症は、精神的なストレスやダイエットから食事量が減り極端にやせていく。拒食状態が続くと、過食や嘔吐が現れてくることも。過食症は、拒食症と同じように精神的なストレスやダイエットをきっかけに、大量に食べてしまい、自責の念にかられて吐いたり下剤を使用したりして体重増加を防ぐこともある。この2つの症状は関連性が深く、ほとんどの摂食障害患者が両方を経験し、多くの場合拒食と過食を繰り返す。

チック症
● tic disorder

身体の特定の筋肉群に生じる不随意的、自動的で急速な反復運動反応であり、神経性習癖の一種である。脳に器質的な問題がある器質性チックと、心理的な問題がある心因性チックがある。チックの生じる部位はさまざまで、代表的なものに、まばたき、ほほや口、鼻の周りをピクピクさせる、足踏みなどの身体運動性チックがある。さらに、しゃっくり、

Session-2

Part 4

心理学がわかる基礎用語

咳、奇声などの呼吸性のチックもある。ストレスや不安などの心理的緊張によって悪化するので、くつろいだり何かの活動へ没頭したりすることによって軽減する。

パニック症（パニック障害）
● panic disorder

　ストレスなどの心理的要因が主な原因とされ、突然、心拍数が上がり全身が緊張して冷汗をかき、気が遠くなる状態になり、自分はこのまま気が狂ってしまうのではないか、などの恐怖に陥る。とくに発作が多く見られるのは電車などの乗り物の中で、また発作が起こるのではないかという恐怖（予期不安）で、電車に乗れなくなったり、一度、発作が起きた場所へは行けなくなったりすることがある。パニック症は、かつては「心臓神経症」や「不安神経症」と呼ばれていたが、1980年に病名が「パニック障害（現在DSM-5により障害を症に変更）」に統一された。アメリカでは100人に3人の割合で発症しており、日本でもほぼ同率の患者がいると考えられている。今後、パニック症に対する認識と理解が深まってくれば、患者数はさらに多くなると考えられている。

その他の心理に関する用語

外向性・内向性
● extroversion/introversion

　ユングは人間のエネルギーは外界と内界の2方向に向かっていて、それぞれ外向的、内向的な性格に分けられると考えた。この性格類型は向性検査による指数で判断できる。外向的な人は明るく積極的に見え、内向的な人は控えめで慎重派に見えるが、内向性を短所ととらえるのは誤りである。ユングによれば、だれでも外向性と内向性の両方を持っていて、時としてどちらかが極端に優勢になると、無意識に他方が調整しているのである。

既視感：デジャ・ビュ
● déjà vu

　それまでに一度も経験したことがないのに、過去に経験したことがあるように感じること。記憶錯誤の類という説もある。精神病性のものと、非精神病性のものがあり、後者のデジャ・ビュはすぐに消えるが、前者のものは強く残って、実際には体験していないのに、そのときのことを確信してしまい、ときには妄想体系へと組み込まれることもある。

ストレス
● stress

　H.セリエによって用いられたのが始まり。一般的には生理的・精神的緊張負荷状態をいう。仕事、対人関係、環境や心の傷などの要因（ストレッサー）によって、精神的不安やいらつき、身体症状などが引き起こされる状態のこと。
　一方、R.S.ラザルスは心理的側面

からストレスをとらえ、環境からの要請と、それへの個人の対処能力（コーピング）とのバランスが保たれず、前者が後者を超えるときにストレスが生ずるとした。

セルフ・ハンディキャッピング
● self-handicapping

試験のとき、「勉強してこなかったよ〜」と言う人は必ずいるのでは。点数が低いときのために勉強量が少なかったという理由をあらかじめ用意して、自尊心を守っている、つまり点数が低いのは自分の能力のせいではないということを自分自身と周りにアピールしているのだ。逆に点数が高ければ、悪条件にもかかわらず好成績を得たことで自尊心は保たれる。結果はどうであれ、プライドは傷つかずに済むという自己防衛の一種。

DSM
● Diagnostic and Statistical Manual of Mental Disorders

アメリカ精神医学会によって作成されているこころの病気に関する診断基準である。日本語では「精神疾患の診断・統計マニュアル」と訳される。1952年に初版が発刊されて以降、数年ごとに改訂が行われ、最新のものは2013年に発刊された第5版の「DSM-5」である。

ひきこもり
● social withdrawal

社会との関わりを避け、何か月もあるいは何年も自室に閉じこもり外に出ないこと。ひきこもりとは医学用語ではなく、状態像を表す言葉。

あるとき突然、家や自室に閉じこもって外出できなくなる。原因はさまざまで、親子関係において発生したもの、勉強に対しての完璧主義からきたもの、学校や会社でのいじめ、家族や友人の死など。また、精神障害が第一の原因ではなく、ひきこもりになった人たちは人間不信、自信喪失感を持っていて、他人への警戒心や緊張感が多く見られる。

フラッシュバック
● flashback

過去の出来事をあたかも再体験するように想起することを指す。薬物依存から脱した後に生じる場合が知られているが、近年、心的外傷後ストレス障害（PTSD）の症状のひとつとしても注目されている。過去の出来事を過去のこととしてではなく、現在進行中の出来事のように感じることや、普通に想起される場合とは異なって、突発的に想起されるところに特徴がある。

モラトリアム
● moratorium

本来モラトリアムとは、支払猶予期間、つまり債務者の破綻などで経済に大きな打撃を与えると予想される場合に、債務の支払いを延期することを指す。E.H.エリクソンはこの言葉を精神分析用語に転用し、青年期に自分の進路を決定するのに、なかなか結論が出せないまま目的もなく過ごしてしまうある期間のことを「心理・社会的な猶予期間」とした。彼はこうした期間を、社会的に成長するために、また、より自分らしい人生を選ぶために必要な時間として前向きにとらえた。

Session-2

Part 4 心理学がわかる基礎用語

必見！映画で心理学 ❷

es ［エス］

■オリバー・ヒルシュビーゲル監督　モーリッツ・ブライプトロイ出演

1971年にスタンフォード大学で実際に行われた、社会心理学の実験をもとにしたサイコサスペンス。環境によって、人間の心の奥底にひそむ脆弱さや凶暴性が露呈するという事実がわかる。

●発売元：ポニーキャニオン

アナライズ・ユー

■ハロルド・ライミス監督　ロバート・デ・ニーロ　ビリー・クリスタル出演

パニック症を患うマフィアのボスのポールと、彼の主治医になってしまった分析医ベンの織り成すコメディー『アナライズ・ミー』の続編。本作品でもポールの強引なやり方に振り回されるベン。関係の中からクライアント・分析医というお互いの役割が再形成されるところに注目！

●発売元：ワーナー・ホーム・ビデオ

エイミー

■ナディア・タス監督　アラーナ・ディ・ローマ出演

大好きなパパの死で、心に深い傷を受けて言葉を話すことができなくなってしまったエイミー。彼女の心の扉を開こうとする大人たちの中にいるカウンセラーの存在が実にリアル。

●発売元：ポニーキャニオン

アグリ

■スコット・レイノルズ監督　パオロ・ロトンド　レベッカ・ホッブス出演

連続殺人犯と、彼の面接を担当した女性カウンセラーのやりとりを描く。面接中の彼の内界の動きを表現している映像が秀逸。カウンセリングでの問題との直面はクライアントにはとてもリアルな体験だということがわかる。

●発売元：エスピーオー

グッド・ウィル・ハンティング／旅立ち

■ガス・ヴァン・サント監督　ロビン・ウィリアムズ　マット・デイモン出演

天才的な頭脳を持ちながらも、幼児期の虐待という心の傷から、防衛的に他者を傷つけてしまう青年と、精神分析医との交流を描いた作品。技法だけに偏っては、心を開くことは難しい……。

●発売元：松竹ホームビデオ

Session 3
カウンセラーの仕事現場より

Part-5 カウンセラーの仕事の実態

Part-6 カウンセラーへのインタビュー Counselor's Talk

Session-3

カウンセラーの仕事の実態

※ 理想と現実をつなぐために

※ なりたい心理職、必要な資格はどれ？

　これまでの章を読んで、心理カウンセラーのイメージがわいてきたでしょうか。ここからは、みなさんが実際の現場で働くとしたら、どのような分野があり、どのような心理職があるのか、より具体的に紹介します。

　心理職の分野は**医療**、**教育**、**司法**、**福祉・公衆衛生**、**産業**、**研究（大学）**の6つに分かれます。それぞれの分野について紹介するので、心理カウンセラーが実際の職場でどのような活動をしているのか、しっかり把握してください。

　また、それぞれの分野に関連すると思われる資格・条件も紹介します。資格に関しては、本書の後半に掲載しているもの以外も取り上げています。自分がどの分野で働きたいかを明確にして、それに関連する資格をどう取得するか

注意！ ●●●

資格によっては、単純に仕事のスキルアップにつなげるだけのものや、心理学を学んだことを証明するだけのものもある。

考えてください。なお、取り上げている資格は必ず取得しなければならないものではないので、あくまで参考程度としてください。資格取得の条件として、多くの場合は実務経験が問われることもお忘れなく。

※ 資格を取得して仕事の幅を広げよう

　現在のところ、心理カウンセラーの資格を取得することが即就職につながったり、ある資格がその分野の職場に限定されたりするといったことはありません。例えば、臨床心理士の資格を持った人が、心理士として病院やクリニックに勤務する一方で、スクールカウンセラーとして学校に勤務するということはよくあります。多くのカウンセラーは、非常勤で複数の現場を掛け持ちしているのが実情です。

　複数の資格を取得しておくと、就職する際にも、カウンセラーとしての仕事の幅を広げていくためにも役立つということは大いにあります。例えば、医療現場では公認心理師や臨床心理士、精神保健福祉士など複数の資格を持っている人も珍しくはありません。

① 医療分野の心理職

関連する資格条件　臨床心理士、公認心理師、精神保健福祉士、認定心理士、カウンセリング心理士、精神対話士 etc.

※ 患者と病院の接点に立つ

心理系を扱う医療機関は総合病院の精神科・精神神経科・心療内科・神経科、精神科病院、メンタルクリニックなどです。また、小児科や精神保健福祉センター関係の仕事も多くなってきました。

医師や看護師、専門技師などは必ず勤務していますが、心理関係はそれぞれの機関の医療方針などにより異なっています。仕事の内容や職域、待遇も、採用側や担当の医師が心理職をどのようにとらえているかで、かなり差があります。非常勤の心理カウンセラーもいますが、他の分野に比べると、医療分野においては常勤のカウンセラーが多いようです。

※ 対象となる年齢層は広い

医療分野での特徴は**子どもから高齢者まで全ての年齢が対象**になり、病状もさまざまであることです。医療的な基本知識と専門的なカウンセリング技術・知識が必要になります。

とくに小児科での心理的アプローチは重要です。必要に応じて子どもには遊戯療法などを、保護者にはカウンセリン

グを行います。最近では子どものうつ病が問題になっています。うつ病は成人の病気という認識の陰で見落とされていたり、ほかの精神疾患の陰に隠れていたりする場合も多く、放置すると重症化したり大人になって再発したりする可能性があります。抗うつ薬が必要となる場合もありますが、まずは適切なカウンセリングが大切です。

※ 要請のある科は多く、名称はさまざま

精神科では医師と連携して心理テストや心理面接、カウンセリングを行います。

昨今はエイズカウンセリング、不妊カウンセリングなど、いろいろな科からの要請があります。公募の際には心理療法士、ソーシャルワーカー、ケースワーカー、医療カウンセラー、テスターなどの名称が用いられます。

② 教育分野の心理職

関連する資格条件　公認心理師、臨床心理士、学校心理士、教育カウンセラー、スクールカウンセラー、カウンセリング心理士、交流分析士、家族相談士、キャリアカウンセラー、公務員試験採用　etc.

✳ 新風を送る スクールカウンセラー

　主に小・中・高の学校教育現場で、児童・生徒や保護者にカウンセリングをしたり、コンサルテーションを通して先生のサポートをしたりする心理職がスクールカウンセラーです。

　文部科学省は公認心理師や臨床心理士の資格を持つことを条件の一つとしてあげていますが、地域によっては学校心理士の資格でよいところもあります。また、資格がなくても大学院で心理学を専攻して臨床経験が2年以上と、学歴と経験が条件であるところもあります。最近は、導入時よりも現場のニーズに合った資格条件となってきているようです。

　スクールカウンセラーとは別に、学校内に設けられた相談室で、児童・生徒を対象に相談にのっている相談員もいます。この相談員は各自治体から派遣されているもので、とくに必要な資格・条件はありません。各自治体の広報に募集要項が掲載されることがあるので普段から注意をしておく必要があります。

✳ 求められる姿勢とは

　まずは児童・生徒のことをよく理解しようとする姿勢が必要でしょう。そして、自ら学校に働きかける行動力も求められます。せっかくのシステムも、カウンセラーや相談員が、相談室内でじっと待っているだけでは意味がないのです。

　学校での相談内容で多いのは、学業相談、進路相談、適応相談です。とくに適応に関する相談では軽度なものから重度なものまであります。内容によっては学校内だけでなく、保護者、児童相談所、病院、家庭裁判所など外部機関との連携も必要になってきます。

　つまるところ、学校内だけでなく、学校を取り巻く環境も見すえてサポートする姿勢が求められるといえます。

✳ 教育委員会に付設する 教育相談所

　また、公立の教育相談所や教育センターでは、児童・生徒本人と保護者を対象に、子どもに関するさまざまな相談を受けています。そこでは心理の専門家や教育現場経験者などが働いています。公務員試験による採用が一般的です。

3 司法分野の心理職

関連する資格条件　公務員試験採用、公認心理師、臨床心理士、応用心理士、認定心理士、カウンセリング心理士　etc.
（心理系大学卒業が条件の場合が多い）

✻ 更生につなげる道

　犯罪者や非行少年に、面接、観察、保護、検査などを行い、それらのサポートを通じて社会復帰をめざすことを職務とする分野です。一般社会では問題とされる彼らの行動の背景にある犯罪心理、家族、環境を見極めて、どうしたら更生につなげられるかを考えます。

✻ さまざまな職場と職種

　家庭裁判所の「家庭裁判所調査官」、少年鑑別所、少年院、刑務所の「法務技官」、保護観察所の「保護観察官」、科学捜査研究所など警察関連機関の「研究員」や「少年補導員」などが、主な職種になります。

　また2022年、改正刑法により、今までの懲役刑と禁錮刑を一元化した「拘禁刑」が創設されました（2025年施行予定）。今まで懲役刑の受刑者には刑務作業が一律に義務づけられていましたが、これからは作業と、再犯防止のための指導や教育プログラムを柔軟に組み合わせた処遇が可能となります。司法分野の心理職には、特にこの方面での活動が期待されています。

✻ まず公務員試験を受験

　上記の現場で働いている心理職員は公務員ですから、まず各省庁に採用されなければなりません。採用後、配属先で養成訓練を受けることになります。

　国家公務員総合職（人間科学）試験、地方公務員上級（心理職）試験などのほかに、**法務省専門職員（人間科学）試験**があります。法務省における**人間科学の知識**が必要な職務に従事する職員を採用する試験で、平成24年度より新設されました。区分は、**矯正心理専門職、法務教官、保護観察官**の3つです。区分の中には、年齢や性別の制限があるものもありますが、社会人を採用するものもあります。法務省のホームページを随時チェックしてください。

問題行為の原因はさまざま。家族、人間関係、育った環境にも深い洞察が必要。

4 福祉・公衆衛生分野の心理職

関連する資格条件 公認心理師、臨床心理士、精神保健福祉士、認定心理士、社会福祉士、精神対話士　etc.

※ 関わりが長期間に

分類される施設には児童相談所、児童養護施設、精神保健福祉センター、老人福祉施設、リハビリテーションセンター、知的障害者援護施設、女性相談センターなどがあります。

福祉関係の仕事は**心理判定、カウンセリング、訓練指導**の3つです。訓練指導では理学療法士、言語聴覚士、作業療法士、ソーシャルワーカーと連携して治療、教育、保育、生活指導を行います。児童が対象の場合は学業も含めて、養育と治療と教育をあわせて行っていくことが求められます。ちなみに児童相談所は行政機関で児童養護施設を管轄しています。

※ 問題を抱える女性への支援

2022年に「困難な問題を抱える女性への支援に関する法律」が成立し（2024年施行予定）、人権保障と福祉の視点から、性被害・生活困窮・家庭の破綻などの問題を抱える女性への支援が推進されることになりました。自治体と民間団体との協働も規定されており、心理職の活躍が期待されています。

※ 公衆衛生で問われる専門知識

保健所や精神保健福祉センターでは心理職、医師、看護師、そのほかの専門職が連携して、地域の住民の健康を管理しています。保健所での地域住民からの電話によるカウンセリングも普及してきました。

募集する職種は相談嘱託員、ソーシャルワーカー、不登校専任相談員、非常勤職員、福祉職、心理職、児童自立支援専門員、福祉行政職、心理判定員などの名称になることがあります。

老人福祉施設では高齢者の話し相手になることがカウンセリングになります。

高齢者の気持ちがわかる？

最近は年の近い中高年世代が、老人ホームや病院などに出かけて話を聴くというシニア・ピア・カウンセリング（傾聴ボランティア）が広がっています。また話し相手のボランティアを募集する自治体もあります。

高齢者の気持ちに寄り添う、尊重するとはどういうことでしょう。年をとると感覚器官、運動機能の低下が進みます。周りの子ども世代、孫世代は思わず「しっかりしてよ」と言ってしまいますが、実はそれが一番傷つく言葉なのだそうです。そんなお年寄りの気持ちを理解する第一段階として身体機能の変化を体験してみましょう。

高齢者の身体機能を体験！

- **目** …色つきのゴーグルをつける
- **耳** …耳栓をする
- **手首** …利き手の手首に重りをつける
- **ひじ** …ひじに空気の入ったサポーターをつける
- **手・指** …ビニールの手袋を2重につけ、人差し指と中指をテープで留める
- **ひざ** …利き足のひざにサポーターをつける
- **足首** …利き足に重りをつけ、もう一方の足には少し軽めの重りをつけてバランスの取りにくさを体験する

身体を使った実体験でも共感する技術を学べる。

どうですか？　意識に反する動作のもどかしさが実感できましたか？　想像した以上に不自由ですよね。これにさらに記憶力の低下も加わるのです。

認知症があるなら話は別ですが、大きな支障もなく年齢を重ねてきた人は、いくつになってもこだわりがあり、判断に自信を持っています。

カウンセリングで傾聴する場合も、ボランティアで話し相手を務める場合でも、そんな気持ちを尊重する姿勢が必要です。適当に相づちを打つというのではありません。関心を持って嘆きや悩みをきちんと聴くことで、相手の不安を少なくし、その人の判断や納得を促すということが大切です。もちろんその技術を身につけるための訓練は必要です。

5 産業分野の心理職

関連する資格条件 産業カウンセラー、公認心理師、臨床心理士、キャリアコンサルタント（国家資格）、交流分析士　etc.

✳ 働く人の心の問題を援助

企業で働く人の心身の健康作りをサポートする役割を担います。職場に保健室や医務室がある場合、そこにカウンセリング施設が併設されていたり、企業に付属する診療所などが担当したりすることもあります。最近では、社外のカウンセリング会社と提携・委託して、相談を受けられるようにする方式が多く見られるようになりました。

✳ 仕事以外の相談が増えている

近年は社会の変化がめざましく、どんな職業においても常にその業界での最新の知識が求められるようになっています。そのような変化の速さについていけず、心身ともにまいってしまう人も増えています。だれか一人がダウンすれば、その職場全体に大きく影響します。ひとつの職場の生産性が落ちれば、組織全体にも影響を及ぼします。ですから、心の病の予防、早期発見は必須なのです。

最近の相談内容は自分のことだけでなく、子どもの教育、老親の介護などもあり、産業カウンセラーには産業分野に限らない、より広い守備範囲が求められてきているようです。

✳ 相談業務以外にも

産業カウンセラーの業務は、労働者の悩み事を聴くなどの相談業務以外にも、メンタルヘルスの啓発活動の講演をしたり、職場内の人間関係の開発援助を行ったり、労働者個々のキャリア形成を援助したりすることなどがあります。

終身雇用から派遣雇用へ形態が変わってきた不安定な時代では、ますます個人のキャリア形成が重要になります。そういう時代背景を見ても、産業カウンセラーが活躍する場は今後も増えていくことでしょう。

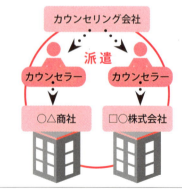

プロのカウンセラーが各企業に派遣されるシステムが増加している。

6 研究（大学）分野の心理職

関連する資格条件 公認心理師、臨床心理士、学生相談室カウンセラー、大学の教員、研究員　etc.

大学での心理職

　大学での心理職は大きく2つあります。ひとつは、大学で教員として学生に臨床心理学の講義をしたり、臨床心理学の研究をしたりするケースです。もうひとつは、学生相談室や保健管理センターといった大学内の相談機関のカウンセラーとして勤務するケースです。どちらかの立場のみで勤務する場合もありますが、臨床心理士の資格を持っている教員であれば、学生相談室のカウンセラーも兼務していることが多く、逆に、学生相談室のカウンセラーが、普段は相談業務を行っていて、週に何コマか大学の講義をする場合もあります。

　また、大学によっては、学生相談室のほかに、地域住民に開放した相談機関を設置しているところもあります。このような相談機関は、大学院で臨床心理士を養成するコースのある大学に設置されていることが多く、カウンセラーをめざす大学院生が実習授業の一環として、指導者つきでカウンセリングを行っている場合があります。大学病院のインターン制度のようなものだと考えるとわかりやすいでしょう。

学生相談室の仕事

　学生相談室は、主に学生が利用する大学内の相談機関ですが、学生のことについての相談であれば、保護者や教職員も利用することができます。

　全国的に見て、相談内容は修学、性格、対人関係に関するものが多い傾向にあるようです。特に修学関係では単純な単位取得の問題のほか、転部や転科、再受験に関することがあります。ほかにも就職活動を目前にしている学生、活動まっただ中の学生は、それに関するストレスで相談室を訪れることも多いでしょう。

　大学によっては、カウンセラーが講義や研修会、グループワークなどの活動をしている相談室もあります。

研究に携わっていきたいとき

　行政機関や大学の研究所で研究員になるという場合もあります。いずれにしても大学院等で研究を続け、学会発表や論文・著書の執筆など、数多くの実績を作らなければなりません。研究や学ぶ努力を怠ることのできないシビアな世界といえます。

Session-3

Part 5

カウンセラーの仕事の実態

69

Column

カウンセラーの仕事をゲットするために

● 常にアンテナを張っておくこと

心理職は人気があるのに職場が少ないのが特徴でしたが、近年、心の健康への関心の高まりとともに、活躍の場が広がってきています。

女性が多く働く業界なので、結婚や出産などをきっかけに退職する人は多く、その分、募集される機会も比較的多い方だといえます。ですが、そのような理由から、募集の時期が定期的ではない場合も多いので、求人情報に対して、常にアンテナを張っておかなければなりません。狭き門となりますから、当然ライバルは大勢います。なんとしても「仕事をゲットする！」という心構えと、自分のアピールポイントが大切になります。

● 迅速に対応するのが吉

実力と資格があっても即座に就職につながらないのもこの職業の特徴です。日頃からインターネットで求人情報を公開しているページや、都道府県・市・区・町・村の広報紙、友人知人の口コミなどをチェックする習慣をつけ、募集があったら迅速に対応しましょう。

公募されるものの中には公務員の心理職もあります。それにはまず公務員試験に合格しなくてはなりません。公務員試験の勉強が必要となるでしょう。

● コネクションは最大限に使おう

この業種では信頼する人からの紹介で就職が決まるケースもたいへん多いということも心得ておきましょう。心理職という職業柄もそうですが、即戦力を期待する場合ならなおのこと、採用する側は間違いのない人材を求めます。数分間の採用面接で、初対面

の人の全てを理解するよりは、信頼する人からの紹介、つまりコネクション
による採用の方が確実なわけです。

　ですから、指導教授やスクールの講師などに、就職の紹介を依頼しておく
のは、遠慮することではありません。ただし、お願いするからには、先方に
紹介したくなるような人材になる努力は必要です。

● へこたれずチャレンジ精神で

　積極的にめぼしい施設や機関に電話で問い合わせたり、履歴書を送ってみ
たりするという作戦もあります。もちろん無反応の場合が多いかもしれませ
んが、その時は募集していなくても、後日検討してくれる可能性があります。
また電話帳を使って関係機関をかたっぱしから当たり、仕事を得たという例
もあります。何事もあきらめず前向きな姿勢が肝心ということですね。

● 心理学の知識は幅広く活かせる

　心理学は人間に関する学問ですから、どのような職種であっても、自分の
応用力次第で学んだことを活かせることがあると思います。例えば、事務職
であっても、学校や病院なら、生徒や患者さんのお話を親身になって聴く機
会はあるでしょう。

● 勉強を続けていけば

　心理職を本業にしたいと考えているのならば、日々の勉強に勝るものはあ
りません。学会や講習会へ足を運んでいるうちに、何かのツテが生まれると
いうことは十分考えられます。

　また、普段は心理関係以外の仕事をしていても、時間を見つけて心理関
係の現場にボランティアとして参加したり、保健所や福祉施設でお手伝いを
させてもらったりして、実際の現場で経験を積むこともできます。

● あせらずじっくり考えて

　一通り学んだ基礎知識がしっかりと自分の中に落ち着くには、それなりの
時間が必要です。さまざまな人と関わることで得た知識や社会経験が凝縮され、
何年後かに花開く心理カウンセラーもいます。今すぐとあせらず、じっくり
と人生経験を積み、チャンスを待つ余裕が必要かもしれません。いくら勉強
しても、し尽くすことがない分野なのですから。

Counselor's Talk-1

倉信 友歌さん　スクールカウンセラー　臨床心理士

子どもたちの言葉にならない心の声を伝えたい

■原点は相手を真に理解すること

「人間はとても神秘的な存在だと思うのです。特に心は見えないだけに興味が尽きません。」

幼い頃から、医師である父の働く姿に憧れていたこともあり、大学、大学院で心理学を学び、**臨床心理士**の資格を取得。「人と接する仕事がしたかった」倉信さんが、カウンセラーになったのは自然な流れだったようだ。

「自分自身の原点になっている」と言うのは、大学院のとき、研修に訪れた児童精神科クリニックでの体験。

「どんな小さな子どもでも、育った環境や親との関係、性格、さらに親の育った環境などさまざまな要素が積み重なって今があるわけです。現状だけでなく、そうした全てのことを含めて丸ごと相手を見るのが"真に理解する"ことだと学びました。そこからカウンセリングは始まります。」

初めての職場は、江戸川区の教育研究所が開く適応指導教室。不登校の小中学生や保護者を対象に、教育相談員として1年勤めた。その後、東京都の公募でスクールカウンセラーとして採用され、各所の中学、高校に派遣。**特別区人事・厚生事務組合**の宿所提供施設で心理相談員、個人のメンタルクリニックでデイケア担当などの仕事も並行して行い、平日は毎日働いていた時期も。出産を機に仕事をセーブし、今は都立の中学と私立幼稚園にそれぞれ週1回勤務する。

■臨床心理士
「心の専門家」であることを認定する資格で、教育、医療、福祉、産業など、幅広いジャンルで活かすことができる。文部科学省ではスクールカウンセラーの募集要項のひとつとしている。

■特別区人事・厚生事務組合
東京23区（特別区）が共同で処理する事務を行う特別地方公共団体。主に、23区職員の共同研修、生活保護法に定める更生施設・宿所提供施設、社会福祉法に定める宿泊所の設置・管理・運営、特別区人事委員会に関する事務（23区職員の採用、給与勧告等）、幼稚園教員の採用選考等を行う。

■答えは生徒自身の中にある

　子ども特有の難しさは、感情の変化が激しく、言葉での表現がうまくないため、問題の本質に迫りにくいことだという。そこで、絵を描く、ゲームをするなど、言葉以外のやり取りの中からサインを読み取る作業が求められる。

　休み時間や放課後、相談室のドアをたたく生徒たちは、明るく元気そうに見えても何らかの問題を抱えている。まずはたわいないおしゃべりから始まり、信用できる相手だとわかると、しだいに胸の内を語り出す。

　「勉強や進路の悩み、友だち関係などが中心ですが、その根底には発達障害が隠れていることも少なくない気がします。私の役割は、その子の不得意な点を踏まえてできるフォローを考えること、得意な部分を掘り出して、それを活かすための環境を整えること。選択肢を提示することはありますが、答えはその子自身の中にあるのです。」

■先生や親との連携が一番重要

　先生とは少し違う立ち位置で、評価されることもないので、カウンセラーは生徒にとって話しやすい存在なのかもしれない。

　「だからこそ学校や先生、親との連携が一番重要」と、倉信さんはスクールカウンセラーの難しさを指摘する。週に1回しか会わないカウンセラーより、毎日顔を合わせる先生や親のほうが生徒の状態をより把握しているはずだからだ。倉信さんはカウンセリングごとに、生徒の現状と今後の方向性などをわかりやすく簡潔に先生に必ず報告する。

　「以前、学校で全くしゃべらない高1の男の子がいて、心配した先生からカウンセリングの依頼を受けたことがありました。彼は1度きりで相談室に来なくなったので、3年間ずっと先生を通じて手紙を届けました。お母さんとは月に1度面接を続けましたが、私を避けたまま2年生に。そしてあるとき校内で出会い、声をかけたら『行かない』と首を横に振っ

■発達障害
脳の機能的な問題が関係して生じる疾患であり、日常生活などにおける機能障害が発達期にみられる状態をいう。自閉スペクトラム症、注意欠如・多動症（ADHD）、学習障害、チック症などがある。症状や特性の現れ方はさまざまで、学習の遅れやクラスになじめないという状況から不登校になるケースも多いが、周囲の理解や適切なカウンセリングで改善が望める場合もある。

Session-3

Part 6

カウンセラーへのインタビュー

て意思表示をしたのです。ほんのわずかな変化ですが、とても嬉しかったですね。その後、無事大学が決まり、最後に私が開いた研修会にも参加してくれて、卒業。先生やお母さんから『ありがとう』の言葉をいただいたとき、これまでのことが無駄ではなかったと感じました。この一瞬の喜びがあるから続けられるのだと思います。」

先生や親と緊密なコミュニケーションを取って情報交換したこと、3者がそれぞれの役割に応じて自然な形でサポートしたことが結果につながったのだ。

■今よりハッピーな場所に

スクールカウンセラーの配置が義務づけられて10年以上経ち、認知度や必要性は高まったものの、仕事の場を得るのは容易なことではない。募集は自治体の公募やインターネットで探すことができるが、実際は紹介やツテが大半。最も有効なのは人脈だ。倉信さんの場合も研修先でお世話になった先輩やカウンセラー仲間からの紹介がほとんどだった。

「仲間やネットワークは、就職においても自分を鍛えるうえでも大きな財産になるはずです。日ごろから職場や研修会、ピアサポートなどで知り合った人とコミュニケーションを取り、地域のスクールカウンセラーの集まりなどにも積極的に参加してください。」

妊娠、出産を経験して、乳幼児や母親の気持ちをリアルに感じられるようになったという倉信さん。今後のキャリアプランを聞くと、「小さな子どもの言葉にならない声をちゃんと聞き取り、伝える橋渡し役になりたい。みんなが今よりハッピーな場所にたどり着けるよう、一緒に歩いていきます。」と、優しい母の眼差しで答えてくれた。

■自治体の公募
スクールカウンセラーの募集要項は各都道府県・市町村などで多少異なるが、応募資格は公認心理師または臨床心理士の資格保有者・精神科医・児童生徒の臨床心理関係の教育者・児童生徒等を対象とした相談業務の経験者及び経験のある医師など。任用期間は1年となる。

■ピアサポート
「ピア」は仲間、「サポート」は支援の意味。カウンセラーの仲間同士が体験を共有し、共に考えること。カウンセラーたちがさまざまなケースを持ち寄り、お互いのカウンセリングについて意見を述べ合う。

★倉信さんの1週間のスケジュール

月 Monday

都立中学にてスクールカウンセラー　午前8:15〜午後4:45

水 Wednesday

私立幼稚園にてスクールカウンセラー　午前9:30〜午後2:30

土 Saturday

数か月に1度、研修会やピアサポートに参加、スーパービジョンを受ける

火・木・金・日 Tuesday・Thursday・Friday・Sunday

家事・育児・趣味（ピラティス・ヨガ・ドライブ）など

どのようなカウンセラーになりたいかで勉強の仕方は変わってきます。たとえば、医療に進みたいのなら心理テストの知識やスキルを深める、教育に進みたいのなら実践の場をできるだけ経験し、幼児の心理を学ぶなど。就職するには、分野に応じた専門性を磨くことが必要といえるでしょう。

Session-3

Part **6** カウンセラーへのインタビュー

75

Counselor's Talk-2

荒川 久美子さん　産業カウンセラー／キャリアコンサルタント

めざすのは働く喜びを分かち合えるカウンセラー

■来てもらえる仕組みづくりからスタート

　大学卒業後に勤めた会社で社員教育の一環として心理手法に携わったことから、この道に入ったという荒川さん。結婚、出産を契機に、「カウンセラーは年齢を重ねてもできる仕事。そのための武器が欲しい」と考え、養成講座を通学で受講し、**産業カウンセラーの資格**を取得。その後、中学校内相談員、埼玉県の公的機関で非常勤の相談員としてなど、さまざまな年齢の人たちの心の悩みに向き合ってきた。

　そして現在、資格の認定機関である日本産業カウンセラー協会の紹介により約9,000人が働くIT企業に派遣。社内の社員相談室に産業カウンセラーとして勤務し、平日、午前2回、午後2回のカウンセリングを受け持つ。

　「メールで予約を受け、面接は1回50分。一時は月に100回ということもありましたが、いまは平均して80回ほど。それでもほぼ予約はうまっている状態ですね。」

　終身雇用制の崩壊、成果主義の導入など、ますますシビアになりつつある職場環境は働く人にとって大きなストレスとなり心の不調にもつながる。そうしたときに頼りになるのが荒川さんのような存在だ。社員のメンタル面の健康維持は、本人を守るためだけでなく仕事の効率にも大きな影響を及ぼすため、カウンセラーを置く会社も増えてきた。ただ、そうした場所があっても、実際には上司や同僚の目が気になって

■産業カウンセラーの資格
一般社団法人日本産業カウンセラー協会が認定する資格。受験するためには、同協会の養成講座修了、あるいは大学院で心理学などを専攻して規定の科目単位を取得するなどの条件を満たさなければならない（P.118～120参照）。

相談に訪れる人は少ない。荒川さんの会社で利用者が多いのはなぜなのだろうか。

「ここでカウンセリングを始めて今年で10年目を迎えますが、当初はやはり申し込みは少なく、ただ部屋にいるだけの時間もありました。そこで、メンタルヘルスケア研修をしたり、社員健康診断の際にブースを設けたりしてPRしたのです。私というカウンセラーの"人となり"をまず知ってもらうために、社内や近郊の出向先を巡回したりもしましたね。ただ待っているだけではダメ。産業医などとも連携しながら、来てもらえるような仕組みづくりをしたことが功を奏したんだと思います。」

■ 人は変われるし、成長できる

相談内容は人それぞれだが、約7割が仕事や職場の人間関係について。休みがちな部下にどう対応すればいいか、アドバイスを求めに来る上司も多い。復職の指針に沿って作成したプログラムに基づいて、休職していた人がスムーズに仕事に戻れるようサポートも行う。残りの3割はプライベートな内容で、子ども、介護、借金問題、夫婦関係など多岐にわたる。

「あるSEの女性で、オーバーワークや人間関係の問題から会社に来られなくなり、3年以上自宅にひきこもっていた方がいて。そろそろ会社で認められた休職期間も限度に近づいたので、まずは社外で、徐々に社内での面接という形でステップを踏み、復職プログラムで一緒に復帰をめざしました。結果、何とか無事に戻ることができ、数年勤めて退社し結婚。この時点でカウンセリングは終わりましたが、その後もらったメールを見てとても驚いたのを覚えています。カウンセリング中の彼女はコンプレックスの塊で前髪で顔を隠して泣いてばかりでしたが、写真ではまるで別人。顔を全部出して表情は明るく、とても幸せそうでした。人って変われるし、成長できるのですね。それを間近で感じられることがこの仕事のやりがいであり、私の原動力にもなっています。」

■メンタルヘルスケア
心の健康づくりを推進するための取り組み。労働者自身がストレスに気づいて早めに対処することが重要だが、職場におけるストレス要因は労働者自身の力だけでは解決できないことも多いため、企業による積極的な対策が必要とされる。

■復職の指針
厚生労働省による「心の健康問題により休業した労働者の職場復帰支援の手引き」のこと。復帰に関しては同手引きの中で、「病気休業開始及び休業中のケア」から「職場復帰後のフォローアップ」まで5つのステップを踏んで、事業者が行う職場復帰支援の内容を総合的に示している。

Session-3

Part 6

カウンセラーへのインタビュー

77

■労働環境改善を会社に提案することも

もちろん、うまくいくケースばかりではない。カウンセリングは、相談者が自分を振り返ってくれてはじめて成立するもの。変わることへの不安から防衛機制が働いて、どんな提案も心に届かないことがある。だからこそ、根気よく寄り添い、信頼関係を作ることが重要だ。また、企業で働くからには業界に対する理解も欠かせない。

「私も専門誌を読むなどして、常に勉強をするようにしています。IT関連職、とくにエンジニアなどは協働ではなく個人作業ですから、職場の一体感が薄く、孤独やストレスを感じやすい。世の中全体のスピード化、パソコンやインターネットの普及により、オンとオフの切り替えがしにくくなったことも、心に不調をきたす原因の一つでしょう。」

残業や徹夜が多いなど労働環境の相談については、個人情報を伏せたうえで人事や上司に改善法を提案することもある。社外で相談を受ける外部委託の産業カウンセラーの場合、組織自体に働きかけることはなかなか難しい。それができるのも社内のカウンセラーならではの強みだろう。

■働くのは楽しいこと

「相談者が、来たときよりも元気になって帰ってくれること」を目標に掲げる荒川さん。信頼関係ができたら考え方のズレを指摘することも必要だという。

「言い方や提案の仕方などは工夫しますが、たとえば毎日遅刻することに対して、受容と共感だけでは対応できません。社会生活に支障が出るような言動は、その根底にある考え方やクセを指摘し、いい方向に転換できるよう一緒に考えていきます。私はそう思っているのですが、本来、仕事は楽しいもの。とくに若いビジネスパーソンにそれを伝え、働く喜びを分かち合えるカウンセラーになりたいですね。」

■防衛機制
危機的な状況や切迫した状況になったとき、自分が受け入れたくない感情や体験について、感じたり直面したりすることを避けることによって心の安定などを保とうとする無意識の働き。

■受容と共感
受容とは、相手の話す言葉や感情などを自分の価値観で批判したり評価したりせず、ありのままに受け入れること。共感とは、相手が感じていることをあたかも自分が感じているかのようにとらえること。ともにカウンセリングの基本的態度のひとつ。

★荒川さんの1週間のスケジュール

月〜金　Weekday

午前： 企業の社員相談室でカウンセリング
　　　（10:00・11:00の2回）

午後： 企業の社員相談室でカウンセリング
　　　（1:30・2:30の2回）、事務処理作業

休日　Holiday

スーパービジョンを受ける、エンカウンターやディスカッションなどで情報交換、研修会などに参加

　産業カウンセラーの上位資格として、シニア産業カウンセラー、国家資格のキャリアコンサルタントがあります。これらを取得しておくと、より仕事を得やすくなるでしょう。ただ、資格取得はあくまでも入り口に過ぎません。社会の変化に対応することが求められますから、継続的に勉強を積み重ねていってください。

Counselor's Talk-3

人見 健太郎さん　みと カウンセリングルーム どんぐり　所長　臨床心理士

地域の人々の心の相談役として

■精神分析
オーストリアの精神科医・フロイトによる精神治療方法。クライアントの抑圧された無意識の部分を意識化し、問題解決に導くことを目的とする。クライアントをリラックスさせ、自由に話してもらい、その内容を解釈する自由連想法、夢を分析する夢分析などの技法がある。
国際的には週4日以上カウチ（寝イス）を用いて行うものを精神分析と定義しており、日本では週1・2回、精神分析の理論を応用した精神分析的心理療法が行われることが多い。
便宜上、本文中では精神分析という用語を用いる。

「当ルームでは、心理検査や心理療法、事例検討などのセミナーを毎年開催しています。参加者は臨床心理職、対人援助職、教育関係の方が中心。共に学び、成長していきましょう。」

■思春期の体験がきっかけに

　一昔前ほどではないにしろ、カウンセリングや**精神分析**に対して「怪しさ」を感じる人は少なくない。とくに地方ともなれば、その傾向はいっそう強いといえるだろう。そうしたなか、心のバランスを崩した人たちの問題解決のサポートに力を注ぐ、地域に密着したカウンセリング専門機関がある。茨城の「みと カウンセリングルーム どんぐり」だ。所長の人見さんが、この世界に入ったのは自らの体験がきっかけだった。

　「思春期の頃、がんばっていた陸上を膝の故障でできなくなり、勉強に集中し始めたあたりから、原因不明の体調不良に悩まされるようになりました。そのとき、医者や看護師に"心の問題"と言われたのが興味をもった始まり。なんで体の不具合の原因が心の問題なのか、すごく不思議で。体育会系だったのが勉強に方向転換したので、無意識にストレスがたまっていたのでしょうね。」

　そう話す笑顔から伝わってくる、温かくて素朴な人柄。これもカウンセラーの資質の一つなのだろう。

■「この地にカウンセリングを根付かせろ！」

　開業して15年以上になるが、独立したのは就職してわずか1年後のこと。

「大学院の実習先の病院で、地域精神医療に情熱的な医者と出会いました。その先生の開業したてのクリニックにしつこく押しかけて、まずは雑用もやるということで採用してもらった。すごく図々しかったので、採用ではなく、"侵入だ"と言われましたが。就職活動ではまず人間関係を作って、狙った仕事を取りに行くくらいの貪欲さが必要です。」

その後、クリニックの移転や業務拡張などによって、心理部門の独立という形でこの施設を作る方向になった。「まだ若造で無謀でしたが、『この地にカウンセリングを根付かせろ！』と応援してくれる院長、その他多くの先輩方に支えられてのスタートでした。」

■濃厚な関係で向き合えるのがメリット

カウンセリングにはさまざまな心の悩みを抱えた人が訪れる。時代を反映してか、家庭の不和や生きがいの喪失などを訴える30代、40代も増えている。

人見さんが今でも印象深いと言うのは当時高校生だった女の子「A子さん」のケース*だ。心因性の腹痛などさまざまな症状が出現し、**適応障害**などの診断を受けて精神科病院に入院。退院後のフォローとしてカウンセリングを始めた。

「週2回、心理療法をしていましたが、しだいに**転移性恋愛**の状態が起こり、私への依存性がとても強かった時期がありました。たとえば、面接室に飾ってある小さな絵はがきの女性を『これは先生の死んだ彼女だ』と決めつけて嫉妬する。自分の前に来談していた女性の存在を感じ、『なんで浮気するの？』と私を罵るなど、緊迫した場面も。彼女は面接室を"先生との密会の場所、あるいは先生の家"ととらえていたわけです。医療機関という大きな施設に比べ、純粋に1対1の濃厚な関係になりやすいので、こうしたことも起こりがち。でも、だからこそ、クライアントは

＊本人の許可を得て話しているが、プライバシー保護のために情報は一部加工している。

■適応障害
社会生活上のストレスに対する反応が普通の人以上に強く現れ、仕事や学業、家庭生活などが著しく障害された状態。不安感、憂うつ感のほか、無断欠席や暴力などの行動が生じることもある。

■転移性恋愛
クライアントが転移（治療者やカウンセラーに対して、過去に出会った人物に抱いたものと同様の感情や態度を示すこと）の結果として、治療者に恋愛感情を持つこと。

ありのままの自分をさらけだせる。開業は、お金のやり取りやスタッフの管理など全てが自分の肩にかかってくる大変さはあるものの、この点が魅力です。」

約5年半のカウンセリングを経て、A子さんの状態は改善。高校卒業後、就職し、家庭も持った。

「彼女のなかに現実世界で生きていかなきゃいけないという諦めが徐々に生まれ、私からきちんと離れていきました。クライアントが一人の人間として自立していくのを援助するのもカウンセラーの役目なのです。」

■勉強に終わりはない

人見さんが心がけているのは常に「なぜなのだろう」という感覚を持つことだ。普通に考えれば非難したり、制止したりしたくなるような言動の裏には、必ずそうせざるを得ない原因や問題が隠されている。そこに触れるために、自分の感情をオープンにしてじっくり一緒に考えていく。

「達成感はなかなか味わえませんが、クライアントさんが変わっていく姿を間近で見ると喜びを感じますね。」

社会におけるカウンセリングの認知度や必要性が高まり、エビデンス、つまり科学上の"証拠"が強調され、即時的な効果が求められるようになってきた。

「そうした意味では、当分の間、認知行動療法が主流になると思われます。ただ、心の問題には正解はありませんから、自分が素晴らしいと思える技法に出会ったら、それをしっかり学んで確実に身につけてほしい。精神分析は、いわば経験の学問で、勉強に終わりはありません。」

人見さん自身も仕事の合間をぬって研修会に参加したり、スーパービジョンを受けるなど、自己研鑽を欠かさない。実力がものを言う世界だからこそ、常に自らの知識やスキルを高めていく姿勢が不可欠なのだ。

■認知行動療法
過去の体験により歪んでしまった認知（ものの受け取り方や考え方）のバランスをとって、ストレスに対応できる心の状態を作っていく心理療法の一種。欧米ではうつ病や不安障害など多くの精神疾患に効果があるとされ、広く用いられている。

■スーパービジョン
経験豊富なカウンセラー（スーパーバイザー）から、自分のカウンセリングについて、指導・アドバイスを受けること。偏った方法をとっていないか、独りよがりな判断をしてしまっていないかなど、細かくチェックされる。

★人見さんの1週間のスケジュール

月　Monday

午前：精神科クリニックのデイケア、看護学校で授業
午後：クライアントのカウンセリング

火　Tuesday

午前：クライアントのカウンセリング
午後：スクールカウンセラーとして勤務
夜：心理臨床セミナーの講師

水　Wednesday

午前・午後：スクールカウンセラーとして勤務（2か所）
夜：研修会で講義、会議に参加

木　Thursday

午前：スクールカウンセラーとして勤務
午後：クライアントのカウンセリング

金　Friday

午前・午後：都内の大学で講義
夜：研修会に参加

土・日　Saturday・Sunday

クライアントのカウンセリング
（月1回、夜は心理検査に関する研修会に参加）

Counselor's Talk-4

福島 哲夫さん　大妻女子大学教授　公認心理師、臨床心理士

大切なことは強い意志
人を思う心が問われる仕事

■**カウンセリングオフィス**
臨床心理士等が実際に相談者に対して心理療法を行う施設を指す。なお、臨床心理士によっては、相談以外にも、臨床心理学に関する研修会や、より効果的な心理療法のための研究場所等としても使用している。

■**多角的なアセスメント**
アセスメント(assessment)は、「査定」や「影響評価」を意味する。ここでは、さまざまな面から、相談者のことを知る(査定・評価する)意味で用いている。

■**統合・折衷的心理療法**
相談者と、相談の内容に最も適した方法で、問題の改善を目指す心理療法。相談者との対話のほか、認知行動療法や絵を描いてもらう描画療法、「空の椅子」に向かって話してもらう「情動焦点療法」など、さまざまな方法が用いられる。

■原点は子どもの頃からの"分析ぐせ"

　大学教授として臨床心理学を教えるかたわら、世田谷区に**カウンセリングオフィス**をもち、多くの相談者と向き合っている福島さん。ユング心理学を軸とした夢分析と、整合的かつ**多角的なアセスメント**から、相談者に最適な手法を提案する**統合・折衷的心理療法**を行う現在のスタイルは、小学生の頃からの"分析ぐせ"が原点となっているようだ。

　「自分がイライラすることや不安を感じることに対して、その事象から目を背けず、意識的に向き合う小学生でした。それは、『怖い夢を見たくない』という、子どもが抱きがちな想いがあったからなのですが、自分の気持ちを分析し、整理することで、不安を解消していたのです。この"分析ぐせ"が、今のスタイルの原点にもなっているのだと思います。」

■人の成長が自分の喜び

　「教員をめざしていたこともあり、大学では文学を専攻しました。人を育てることと人の成長を実感することが、自分の喜びでもありました。この気持ちは、将来、大学教授として指導することにもつながっていましたね。」

　大学生時代は、サークルの仲間やバイト先で会うさまざまな人から相談を受けることが多かった。当時は、自分の素質

に無自覚だったが、後に友人から、聞き上手であることや、アドバイスが的確であることを指摘され、人の心のケアを職業とすることを意識し始めたという。

しかし、臨床心理士の資格認定が開始された当時は、世間における「心の重要性」への関心も低く、臨床心理士のみを職業にできる人は、ほとんどいなかった。

「臨床心理士は、認知度も今ほど高くなく、その役割も広くは知られていませんでした。ですが、周囲に悩みを抱える人が多くいたこともあり、その人たちの支えになりたいという思いが勝り、臨床心理士として歩む決断をしました。」

経済的にも困難な道を選んだ意志からは、人の支えになりたいという強さが感じられる。逆にとらえれば、その意志がなければ、心理カウンセラーは務まらないのかもしれない。

■教授兼スーパーバイザーとしての指導

現在、福島さんは、臨床心理士としての活動のほか、教授として学生を指導し、また、スーパーバイザーとして若手の臨床心理士等にスーパービジョンを行っている。

「大学では機会に恵まれ、新学部『人間関係学部』の創設から携わることができました。ここでは、理論や基礎的な知識を身につける勉強だけでなく、相談室やカウンセリングオフィスでのアシスタントなどの実践を導入し、学生に多角的な指導を行っています。」

臨床心理士には、知識だけでなく、実践も重要だと強調する。相談に柔軟に対応するためにも、いくつかの基本的人間観やさまざまな事例を知識として知る勉強、そして、人を相手にする上では必ず生じる想定外のことに対応するための実践経験は、どちらも必要なことだろう。

■公認心理師の展望と心理職をめざす人へ

2018年9月の第1回試験から始まった公認心理師資格は、さまざまな紆余曲折を経て誕生した資格である。

Session-3

Part
6

カウンセラーへのインタビュー

■実践経験
臨床心理士や心理カウンセラーの場合、主に、大学院のカリキュラム内での病院実習や教育現場実習、学内の相談室での事例担当や、ベテランの臨床心理士等の下でのアシスタント等の形式で行われる。

85

■汎用性
公認心理師の汎用性とは、保健医療、福祉、教育、司法・犯罪、産業・労働をはじめとする各分野で幅広く活躍できる、ということ。

■統合性
公認心理師の統合性とは、対象者の特性や状況に応じて、色々な視点と技法をもってさまざまな種類の支援をしていく、ということ。

「特に医療現場において、国家資格として、保険点数もきちんと取れる心理職が強く望まれており、やっと実現した国家資格なのです。公認心理師と臨床心理士の大きな違いは、公認心理師は国家資格であり、公の立場としてはっきりと続けられるということ、職業的に安定できるということです。」

　一方、臨床心理士は公益財団法人による資格でありながら、心理療法も心理検査もきちんと行うことができ、この30年間で一定の社会的評価を得ている。今後5年、10年は、臨床心理士と公認心理師が共存していくが、何年か経つうちに公認心理師に吸収されていくのではないかという。

「公認心理師が、汎用性、統合性、さらに中身も質が高いという、3拍子そろった資格になるかどうかは、我々大学関係者の責任の一つなのだろうと考えています。」

　今後の心理職の在り方について、教育者としての強い熱意をもつ福島さん。これから心理職をめざす人に向けてのメッセージがある。

「これからのカウンセラーを作っていくのはあなたたちである、というエールを送りたいですね。」

　ユーザーとしての立場も含めて、カウンセラーの質を高めていくことがこれからの若い方たちに求められてくるという。

「例えば、大相撲において、力士自身が自らを鍛錬するのはもちろんのこと、それを見る観客側も、その質を高めるということに寄与しています。同じように、心理の世界においても、利用者もカウンセラーを高めていき、公認心理師が世の中にきちんと認知されていけばいいと思います。」

　また、心理職を続けていく方たちに向けて、心強いアドバイスがある。

「心理の仕事には、人生のすべてが役に立つと言えます。親との喧嘩、友だちとの仲たがい、失恋、受験の失敗、すべての経験が役に立つのです。そういう意味では、自分を含めた人間に対する興味と経験が全部生かされる、という視点をもって生きていってほしいですね。」

監修者の独りごと「全てから学べ！」

臨床心理士、公認心理師
新川田　讓

1 授業から学べ

　学部と大学院では、内容が異なります。学部の授業は講義形式ですから、教授が心理学の基礎分野の理論を一方的に話すので、予備校の授業と変わらないと思いました。基礎理論ばかりなので、とても退屈に感じられたのを覚えています。「ゴキブリは学習能力が高い」と説明されて、「ゴキブリの気持ちより人間の気持ちを知る方法を教えてくれよ！」などと、今から考えれば恐れ多いことを思ったりして……。なんて、学部時代は空手に夢中で、こんなことを言えるほど熱心に講義を受けていたわけではないんですけれど。

　大学院では、授業の内容がほとんど院生による発表形式のものだし、専門性も高く、院生も学習意欲が高い人ばかりなので、自分としては、この頃に先生や先輩や同僚にお世話になったという印象が強いです。勉強会の話があれば進んで参加したり、同期の院生たちと有志でミニ修論発表会をしたり、疑問に思ったらどんな些細なことでも教授に質問したりしました。何しろ学部時代は不勉強者でしたから、この頃に貪欲になったわけです。大学院のOBが、学生相談室のカウンセラーをしていたので、しょっちゅう勉強や修論のことに関して相談しに行っていましたね。卒業した今でも、今度は同業者としていろいろ相談にのっていただいて、お世話になっています。

2 読書から学べ

　実にいろいろな人がいろいろなことを考えているんだな、と思います。例えば、「ひきこもり」という事象ひとつとっても、精神科医・民間の実践家・臨床心理士・ジャーナリスト・教育評論家などではそれぞれ定義の仕方が違います。職業柄、目のつけどころが異なるから、考え方も異なってくるのでしょうし、また、その逆も言えると思います。

　先人たちの理論にも、それと似たようなものを感じますね。彼らの理論のすばらしさもさることながら、その理論を打ち立てた人物の生まれ育った時代背景や家族関係など

が大いに反映されていることがわかったりして、内容よりもそういうことの方が楽しかったりします。ある技法を学ぼうと思ったら、その理論の創始者についてもある程度知っておくと、より深いものになるのではないでしょうか。

③ 実体験から学べ

何事も、頭ではわかっていてもそのように体が反応しないということはありますよね。心理の世界も同様で、文献の情報からの勉強だけでは限界がありますから、やはり体験学習というのは欠かせないと思います。実験の授業はそのひとつで、個人的にはGSRをやったのがとても楽しかったです。これは人間の表皮電流の測定器を使用するもので、簡単に言ってしまえばウソ発見器です。被験者がドキッとするような言葉を聞かせ、その反応を測定する実験でした。ほかには、ネズミの**オペラント条件づけ**なども実験の課題にあって、賢いネズミにあたると短時間で学習が完成するので実験が早く終わるのですが、そうでないネズミにあたると……‼　私がやった時は、実験が終了するのに5時間もかかりました。

セミナーや講演会も大切な実体験の場です。著名な先生の多くは経験豊富な方ばかりなので、やはりおっしゃることに含蓄があると感じます。それに、たくさんの方が聞きにいらしていることにも、非常に刺激を受けます。「こんなにたくさんの人が今回のテーマに関心があるんだな」などと、講演中人知れず感じています。セミナーも、**コラージュ**を作成したり、グループで無言のコミュニケーションをしたり、興味深いものがたくさんあります。セッション中に、普段の自分の他者への関わり方が如実に表れたりして、自分でさえも知らなかった意外な一面に気づかされることが多いですね。心理臨床家としての感性を鈍らせないためにも、こういったことに積極的に参加することは必須だと思います。

④ 日常から学べ

やっぱり心理学を学び始めた頃は、覚えたての知識をすぐに使いがちでしたね。「○○さんの性格は、幼い頃の△△に起因するのでは？」とか「今朝の夢に出てきた××は何を象徴しているんだろう？」とか。そういう時期を過ぎると、知識は補助的なものであるという認識を持って、もっと純粋に目の前にいるその人自身を理解しようという考えに変わっていきました。自分の中で知識が沈殿して知恵に変わるまで時間がかかったんですね。それでも、

今でもテレビなどを見ていると、「あぁ、ちょっとこの人は強迫的だなァ」と感じてしまうことはあります。

　友達といえば、たいていの人は臨床の現場で働いていますから、自分の個人的な相談にのってもらうと、とても癒されることが多いです。その代わりこちらも相談にのることは多いですけれども。また、自分の抱えている事例についてもコメントをもらったりして、勉強になることも多々あります。コロナ禍になってからは、そういった知人と直接顔を合わせる機会はめっきり減ってしまいましたが、オンライン形式での学会や研修会に参加するなど、形を変えての自己研鑽を行っています。

　また、コロナ禍のため、臨床現場でも面接の形式は大きく変化しました。これまでの対面式の面談に加え、電話相談やオンラインでの面談も取り入れた現場が増えてきています。相談者が語る内容も変化し、直接的なコミュニケーションが激減したことによるストレスや抑うつ的な気持ちを訴えるものが増えました。誰もが日常生活で孤独な気持ちを強く感じやすくなっている現在、もっと相談者に寄り添い、そのニーズに合わせた関わり方を、心理カウンセラーは期待されていると思います。

●オペラント条件づけ：ある個体が偶然にとった行動により、肯定的な結果が生じればその行動をとり続けるし、逆に否定的な結果が生じればその行動をとらなくなる。このように環境に変化を生じさせるべく働きかけるような自発性のことを、アメリカの心理学者スキナーはオペラント（operant）と呼び、それに基づく個体の反応のことをオペラント反応と呼んだ。そして、このオペラント反応の表れる頻度が高まるようにすることを「オペラント条件づけ」という。

●コラージュ：フランス語で「糊によって貼りつける」の意。もとはピカソなどの芸術家たちが始めた技法のひとつだった。これを心理療法に取り入れたのがコラージュ療法で、雑誌・チラシ・写真集などの中から気に入ったイラスト・写真・文字を切り抜いて、自由に台紙に貼りつける、という作業をする。完成した作品の鑑賞によるコミュニケーションはもちろん、この作業自体が自由な自己表現となり、心的世界の広がりや自己洞察の体験が可能となる。

必見！映画で心理学 ❸

恋愛小説家

■ジェームズ・L・ブルックス監督　ジャック・ニコルソン　ヘレン・ハント出演

恋愛小説家のユドールは、自己中心的で毒舌家のため、みなの嫌われ者。ある日、ひょんなことからアパートの隣人の犬を預かることになり、彼の日常生活に変化が生まれる。主人公はその繊細さゆえに、強迫症になってしまっていたのでしょうか？

●発売元：ソニー・ピクチャーズエンタテインメント

息子の部屋

■ナンニ・モレッティ監督　ナンニ・モレッティ　ラウラ・モランテ出演

精神分析医のジョバンニは、妻と一男一女の子どもたちと幸せな日々を過ごしていた。ところが、急患の往診をした日曜日、息子が海の事故で亡くなってしまう。本作品のテーマは息子の死をきっかけとした家族の危機と再生だが、精神分析医と父親という役割に葛藤するジョバンニの姿に共感してしまう。心理臨床家だって人間なのです。

●発売元：アミューズソフトエンタテインメント

普通の人々

■ロバート・レッドフォード監督　ドナルド・サザーランド　ティモシー・ハットン出演

ある中流家庭に育つコンラッドは、兄をボートの事故で亡くしてから、罪悪感にさいなまれて情緒不安定な日々を過ごし、精神科にかかっていた。セラピーが進むにつれ、だんだんと自分らしさを取り戻すのだが、それは同時に両親がそれぞれ抱えていた心の奥底にある何かを呼び起こすことにもなる。タイトルに「人々」とあるのがポイント。個人の病理はその家族全体の病理であることが多いのです。

●発売元：パラマウント・ホーム・エンタテインメント・ジャパン

ボーイズ・ドント・クライ

■キンバリー・ピアース監督　ヒラリー・スワンク出演

アメリカで起きた実話をもとにした一本。性同一性障害に悩む主人公ブランドンは、とある女性ラナに恋をする。はじめはラナの仲間に受け入れられていたのだが、ブランドンの肉体が女性であることが判明したために悲劇が起こる。性同一性障害が人生の「障害」となるかどうかは、周囲の理解の有無にあるのだと実感。

●発売元：20世紀フォックス ホーム エンターテイメント ジャパン

パッチ・アダムス

■トム・シャドヤック監督　ロビン・ウィリアムズ出演

「笑い」が最善の治療薬と考える精神科医の物語を実話に基づき映画化。見ているこちらも、知らず知らずのうちに彼の治療薬を処方されていることでしょう。

●発売元：ユニバーサル・ピクチャーズ・ジャパン

Session 4
プロのライセンス資格をとる！

Part-7 心理カウンセラーのライセンスをとる！

Session-4
心理カウンセラーのライセンスをとる！

ここでは、本書で取り上げたカウンセラーの資格をチャート方式でわかりやすく分類し、紹介しています。興味や適性をよく考えて、自分にぴったりの資格を見つけましょう。

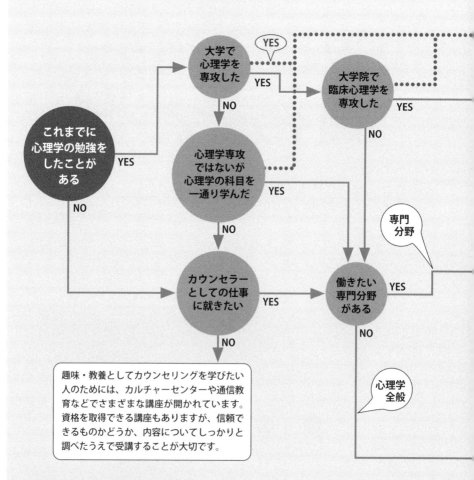

※受験資格や試験内容の詳細は、各資格の参照ページをご覧ください。
※ここではわかりやすくするために、各資格の特徴を大きくとらえてチャート表示しています。実際には各カウンセラー資格が対応する分野は重なっており、必ずしもチャートどおりでないこともあります。

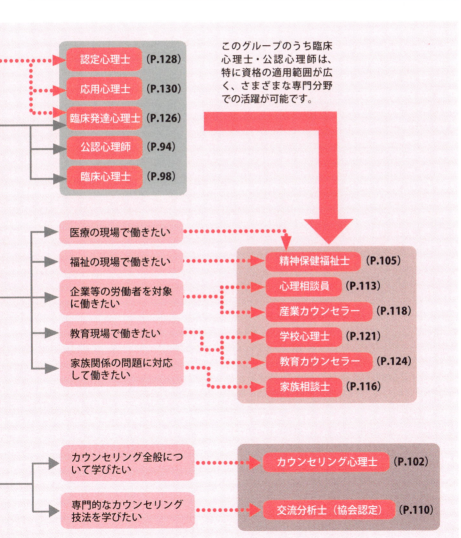

厳選！心理カウンセラーの資格　13

1 公認心理師　国 試験

2015年成立、2017年施行の公認心理師法で誕生した、心理職として初の国家資格です。多種多様に存在する心理関連職をけん引する国家資格として、今後の活躍が期待されています。

■ 公認心理師の業務

公認心理師が行う業務について、公認心理師法では、以下のように定められています。

保健医療、福祉、教育その他の分野において、専門的知識及び技術をもって、「1. 心理に関する支援を要する者の心理状態を観察し、その結果を分析すること。2. 心理に関する支援を要する者に対し、その心理に関する相談に応じ、助言、指導その他の援助を行うこと。3. 心理に関する支援を要する者の関係者に対し、その相談に応じ、助言、指導その他の援助を行うこと。4. 心の健康に関する知識の普及を図るための教育及び情報の提供を行うこと。」

■ 公認心理師の役割

公認心理師法第42条第1項において、「公認心理師は、その業務を行うに当たっては、その担当する者に対し、保健医療、福祉、教育等が密接な連携の下で総合的かつ適切に提供されるよう、これらを提供する者その他の関係者等との連携を保たなければならない」とあります。つまり、関係者としっかり連携して適切な支援がなされるよう遂行していく役割を担っているといえます。

■ 臨床心理士との違い

初めての公認心理師試験は2018年でしたが、今では各種心理職求人票の応募資格に、公認心理師の文字が臨床心理士とともに普通に並ぶようになりました。一般社会への認知度は、ますます高まっていくと考えられます。

臨床心理士と公認心理師との違いとしては、臨床心理士が公益財団法人による資格であることに対し、公認心理師は国家資格であるということ、また、臨床心理士が調査研究活動を仕事の一つとして挙げていることに対し、公認心理師は、より対外的に、情報の提供や発信を主な仕事の一つとして挙げていることです。また、心の問題に関わる他の関係者との連携を重要としているところも大きな違いの一つといえます。

受験資格を知っておこう

公認心理師を受験するには、次のA〜Fいずれかの試験区分に該当する受験資格が必要になります。

1. 区分A 大学で必要な科目を修めて卒業し、かつ、大学院において指定の科目を修めて修了した者

2. 区分B 大学で必要な科目を修めて卒業し、さらに定められた施設で2年以上業務に従事した者

3. 区分C 外国の大学で心理に関する科目を修めて卒業し、かつ、外国の大学院で心理に関する科目を修めてその課程を修了した者等

4. 区分D1 2017年9月15日より前に大学院を修了した者で、公認心理師となるために必要な科目を修めた者

5. 区分D2 2017年9月15日より前に大学院に入学し、2017年9月15日以後に必要な科目を修めて大学院の課程を修了した者

6. 区分E 2017年9月15日より前に大学に入学し、必要な科目を修めて卒業し、2017年9月15日以後に大学院において定められた科目を修了した者

7. 区分F 2017年9月15日より前に大学に入学し、必要な科目を修めて卒業し、さらに定められた各施設で2年以上業務に従事した者

＊2022年7月に実施された第5回試験までは、いわゆる現任者が対象の区分Gがありました。これは、試験開始から5年間の経過措置であり、現在はありません。

試験範囲と出題基準

試験範囲は、「公認心理師として必要な知識及び技能」です。また、出題基準は、ブループリントと呼ばれる公認心理師試験設計表に記されています。これは、公認心理師として業務を行うために必要な基本的知識及び技能を、具体的な項目で示したものです。

国家資格として

心理職初の国家資格として、さまざまな議論を重ねながら、多くの期待を背負ってスタートした公認心理師資格制度。心理職を国家資格とすることで、一定の資質が維持され、人々に広く利用されることが望まれます。

また、有資格者も、社会の変化と共に出てくるさまざまな問題に適切に対応するために、さらにその資質の向上を図ることが求められています。

なお、公認心理師資格についての最新情報は、厚生労働省のホームページを確認してください。

問い合わせ先

一般財団法人日本心理研修センター
（平日 10:00〜17:00）
〒112-0006
東京都文京区小日向4丁目5-16
ツインヒルズ茗荷谷10階
TEL：03-6912-2655
Email：info@jccpp.or.jp

Session-4

Part 7

心理カウンセラーのライセンスをとる！

95

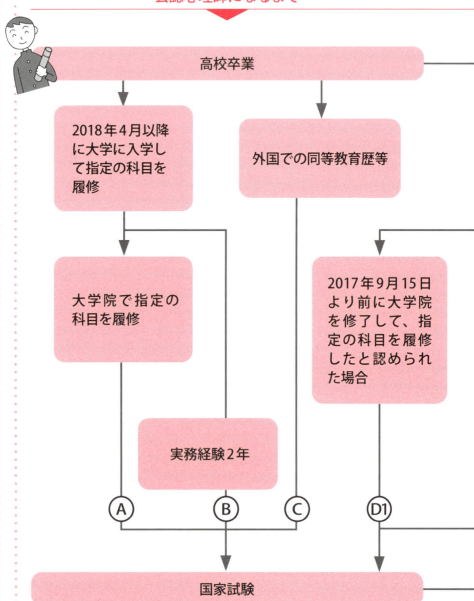

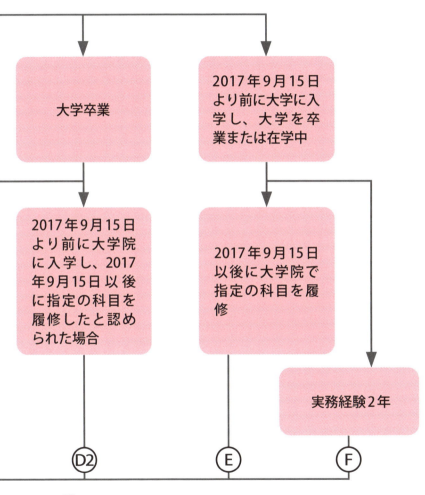

2 臨床心理士 公 試験

文部科学省が認可した公益財団法人日本臨床心理士資格認定協会が行う審査によって、「心の専門家」として認定される資格です。臨床心理士は心理カウンセラー関連の資格として専門性が高く、人気のある資格です。

心理学的アプローチ

臨床心理士はいろいろな心の問題について心理臨床を行い、解決へ向けて援助します。心理臨床とは臨床心理学の知識や技術に基づいた実践のことをいいます。臨床心理学とはそれらの背景にある学問、つまり心の問題の研究、治療を目的とした応用心理学と理解してください。

ですから心理学的理論のバックボーンがない臨床は心理臨床とはいえないわけです。

広範囲な活躍の場

臨床心理士の資格を持っていることで、活躍の場は、さまざまに広がります。特に、文部科学省におけるスクールカウンセラー等に応募できる資格のひとつとして、公認心理師とともに挙げられています。もし将来スクールカウンセラーになろうと考えているなら、取得しておきたい資格です。

では実際に働く場所はどんなところでしょうか。臨床というと医療系の施設を思い起こしますが、心理臨床を活かす場は医療、教育、福祉、司法、産業、個人開業など多岐にわたります。

主な仕事は4つ

①**臨床心理査定（アセスメント）**：クライアントと会ってどのような状況かを把握し、各種の心理検査をし、どのような援助が一番適切かを検討します。

②**カウンセリングの実施**：心理査定の結果に応じてどのような心理療法を採用するかを決めます。心理療法には精神分析療法、来談者中心療法、行動療法などいくつかあり、それらを組み合わせることもあります。クライアントと目標を立てることで心理療法がスタートします。

③**地域援助（コンサルテーション[*]）**：クライアントの心理的な問題を解決するために、地域や周辺の集団に働きかけることが必要な場合これに介入します。クライアントの生活環境を周囲の人たちが変えていくための援助をするのです。

*この場合のコンサルテーションとはクライアントと関係が深い人に心理臨床の専門家が助言することをいいます。

④**調査研究活動**：心の援助をするうえでの技術的な手法や知識の実証性を高めるために、調査研究をします。

✳ 臨床心理士の役割

1 臨床心理査定（アセスメント）

2 カウンセリングの実施

3 地域援助
（コンサルテーション）

4 調査研究活動

大学院指定制による受験制度

1996年の資格審査規程の改正に伴い、臨床心理士資格試験を受験するには協会の指定を受けた大学院修士課程（博士前期課程）の修了が必須となりました（医師、諸外国において大学院を修了した者を除く）。指定大学院には、第1種と第2種があります（P.132〜141参照）。

この大学院指定制は、大学院修士課程の臨床心理学専攻コースをモデルとする指導教員・心理臨床訓練施設等の一定条件を満たす大学院修了者に、臨床心理士の資格審査受験資格を与えるものです。この背景には、臨床心理士は、心の専門家としての一定水準以上の基本的な知識と技能を有することが期待されていること、臨床心理士の教育・訓練システムの整備を図ることといった目的があります。

そして、指定大学院とは別に、専門職大学院の臨床心理学またはそれに準ずる心理臨床に関する分野を専攻する専門職学位課程が設けられました。「九州大学大学院人間環境学府実践臨床心理学専攻」が、第1号専門職学位課程として発足（2005年4月1日）しています。今後、この専門職学位課程は第1種指定大学院の発展像として、漸次増加していくことが見込まれています。

この専門職大学院修了者は、資格試験の筆記試験（一次試験）のうち、論文記述試験が免除されることになっています。

受験資格基準を知っておこう

以下の受験資格基準のいずれかに該当する者で、かつ、これらに関する所定の必要証明資料を提出できる者です。

1. 協会が認可する第1種指定大学院を修了し、受験資格取得のための所定条件を充足している者（新1種指定校は修了後の心理臨床経験は不要。旧1種指定校は修了後1年以上の心理臨床経験が必要）。
2. 協会が認可する第2種指定大学院を修了し、受験資格取得のための所定条件を充足している者（新2種指定校は修了後1年以上の心理臨床経験が必要。旧2種指定校は修了後2年以上の心理臨床経験が必要）。
3. 臨床心理士養成に関する専門職学位課程を修了した者。

Session-4

Part 7

心理カウンセラーのライセンスをとる！

4. 諸外国で上記の新1種・新2種指定校いずれかと同等以上の教育歴および日本国内での2年以上の心理臨床経験を有する者。
5. 医師免許取得者で、取得後2年以上の心理臨床経験を有する者。

※「心理臨床経験」の基準
教育相談機関、病院等の医療施設、心理相談機関等で心理臨床に関する従業者（心理相談員、カウンセラー等）としての勤務経験。なお、有給を原則とするので、「ボランティア」「研修員」等は認められない。

5年ごとの資格更新

資格取得者の専門的資質を社会に保証するためのシステムとして、臨床心理士には5年ごとに資格更新が義務づけられています。協会主催の研修会への参加や論文の公刊などでポイントを取得し、15ポイント以上の評価を前提に、この資格更新が実施されています。「臨床心理士」の資格は医師のように生涯資格ではありません。

問い合わせ先
公益財団法人
日本臨床心理士資格認定協会
〒113-0034
東京都文京区湯島1-10-5
湯島D&Aビル3階
TEL：03-3817-0020

心理臨床が活かせる場所

1　医療関連
病院、診療所、保健所、精神保健福祉センター、リハビリテーションセンターなど

2　教育関連
学生相談室、教育センター、各種教育相談機関、スクールカウンセラーなど

3　福祉関連
児童相談所、療育施設、心身障害者福祉センター、女性相談センター、障害者作業所、各種福祉機関など

4　司法関連
家庭裁判所、少年鑑別所、刑務所、少年院、保護観察所、警察関係など

5　産業関連
企業内相談室、企業内健康管理センター、ハローワーク、障害者職業センターなど

6　個人開業
個人的に開業している心理相談所、クリニック

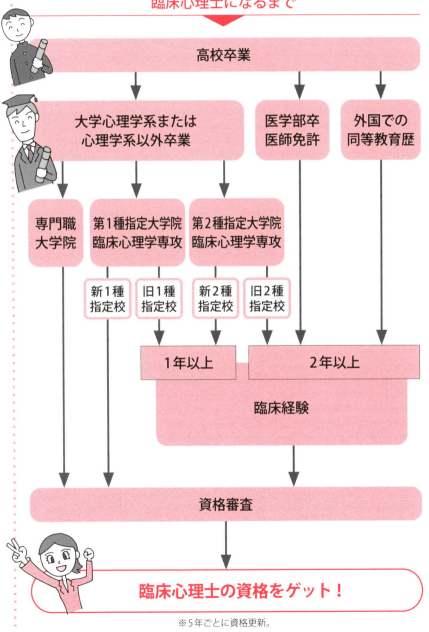

3 カウンセリング心理士 [民] [試験] [入会/研修]

日本カウンセリング学会によって認定される資格（旧認定カウンセラー。2020年に名称変更）。同学会の研究活動は、カウンセリング全般にわたっています。研究発表を通し、会員相互の交流が盛んな学会です。

■ 入会条件

カウンセリングでは、個人だけでなく、集団・組織の成長と、問題発生の予防に重点がおかれています。それだけに教育、司法、福祉、産業、医療などの分野でその重要性が認識されています。

日本カウンセリング学会ではこれにこたえ、学会認定カウンセラー制度を整えました。カウンセリング心理士の受験資格は、一般的には同学会に入会し、養成カリキュラムを受講することで得ることができます。

カウンセリング心理士の資格は、あくまでもカウンセラーとしての資質の向上を図ったと認定された人に与えられるものであり、すぐに就職に結びつくものではありませんが、同学会の定めるカウンセラーの基準を満たす技能とアイデンティティを得ることができます。

では日本カウンセリング学会に入会するには、どのようにすればよいのでしょうか？　求められる条件には次のようなものがあげられます。①4年制大学の卒業者でカウンセリングの研究、学習、実践をしていること。②短期大学・高等専門学校等の卒業者で3年以上カウンセリングの研究、学習、実践をしていること。③高校を卒業して6年以上カウンセリングの研究、学習、実践をしていること。④22歳以上で日本心理学諸学会連合が認定する心理学検定2級合格者（ただし出題領域A領域の「発達・教育」もしくは「臨床・障害」の科目領域を含む）。⑤その他理事会で入会相当と認める者などです。なお、入会に際しては正会員2名の推薦者およびその電話番号が必要です（身近にいないときは、研究業績の資料や、カウンセリング経験を詳しく記述した書面を入会申込書に添付）。

カウンセリング心理士の資格申請には、試験方式と推薦方式の2種類の認定申請条件があります。

■ 試験方式

試験による資格認定は年に1回行われています。

1. 一般会員：同学会に入会後2年以上経過し、同学会の「カウンセリング心理士養成カリキュラム」研修基準で210時間（14単位）以上を学習していること。

2. 心理学系大学院（修士課程）在籍者・修了者：同学会に入会後1年以上経過していること。同学会の「カウンセリング心理士養成カリキュラム」研修基準で210時間（14単位）以上を学習していること。

3. 同学会「カウンセリング心理士資格認定校」の指定を受けた大学院の在籍者・修了者：同学会に入会後1年以上経過していること。在籍者は入会後1年以上で受験し、合格した場合は大学院修士課程修了を条件として認定証を得ることができる。

　以上の資格を満たせば、書類審査を経て、筆記試験と技能試験による認定試験を受けることができます（3.の認定校の大学院生・修了者は筆記試験と技能試験は免除）。

✳ 養成カリキュラム

A カウンセリング心理学

B カウンセリング・アセスメント

C カウンセリング研究法

D カウンセリング演習

E カウンセリング実習

F カウンセリング諸領域

▌推薦方式

　カウンセリングの研究・教育に従事する会員の中から、認定スーパーバイザー（指導者）の推薦に基づいて、書類審査と面接試験によって認定する方法です。
　資格認定は2年に1回行われます。

1. 大学または短大の専任教員：同学会の会員で、5年以上にわたりカウンセリング関係の授業を担当し、カウンセリング実践に関わる業績が顕著であって、人格、識見ともに優れていること。

2. 大学・短大以外の諸機関においてカウンセラー養成や実践に携わっている者：同学会の会員で、5年以上にわたりカウンセラー養成や実践に携わっており、業績が顕著であって、人格、識見ともに優れていること。

3. 相談機関のカウンセラー（相談員）：同学会の会員で、相談機関に週4日以上5年以上勤務しており、人格、識見ともに優れていること。

問い合わせ先

一般社団法人
日本カウンセリング学会事務局
〒112-0012
東京都文京区大塚3-5-2 佑和ビル2階
TEL：03-6304-1233

Session-4

Part 7

心理カウンセラーのライセンスをとる！

カウンセリング心理士になるまで

日本カウンセリング学会入会

試験方式

一般受験者
学会入会2年以上
養成カリキュラム研修基準で210時間（14単位）以上

心理学系大学院（修士課程）在籍者・修了者
学会入会1年以上
養成カリキュラム研修基準で210時間（14単位）以上

認定校の大学院生・修了者
学会入会1年以上

↓

書類審査＋筆記試験＋技能試験
＊認定校の大学院生・修了者は
書類審査＋面接試験

推薦方式

長年カウンセリングの研究・教育に従事した会員

↓

**認定スーパーバイザーの推薦
＋
書類審査＋面接試験**

カウンセリング心理士の資格をゲット！

※日本カウンセリング学会への入会資格は、4年制大学の卒業者でカウンセリングの研究、学習、実践をしていること。短大・高専等の卒業者は3年以上、高校の卒業者は6年以上カウンセリングの研究、学習、実践をしていること。その他、心理学検定2級合格者で、22歳以上の者、その他理事会で認められた者。

4 精神保健福祉士 国 試験

ケースワーカーあるいは精神科ソーシャルワーカーと呼ばれていた職種が、1997年12月から国家資格の精神保健福祉士（PSW）になりました。精神障害者の保健や福祉に関する専門的知識および技術を駆使して、社会復帰に向けて援助する仕事です。

■ どんな仕事をするのか？

社会福祉士と同じような領域ですが、より精神面に力点を置いた援助になります。精神障害者の相談に応じるだけでなく、各種の給付制度、税の減免措置など活用できる選択肢の情報を提供します。精神疾患の状態に配慮しながら、円滑に社会復帰が進むように退院後の住居や再就労についての助言・指導もします。

さらに洗面、清掃、洗濯などの習慣づけや、生活技能を身につける訓練なども行います。活躍の場は大きく4つの業務に分けられます。

①ケースワーク業務：1対1でカウンセリングを行う相談援助活動のことです。カウンセリングによって当事者が抱えている問題を明確化し、当事者の問題解決能力を伸ばすことを目的とします。

②グループワーク業務：グループのダイナミクスを利用して一人ひとりの力を伸ばす活動のことをいいます。グループが自発的に課題を解決し、メンバーがグループ内での役割を果たせたよろこびを大切にする業務です。

③コミュニティワーク業務：精神障害者と一緒に暮らしていく地域が豊かな地域となるよう、ノーマライゼーションの理念をもとに地域自体を変えていくことを目的とします。ボランティア団体、社会福祉協議会、町内会など地域にある諸機関や行政団体、障害者団体と連携を図りながら活動を行います。

④関連業務：対象者の問題解決のためにはほかのスタッフとの連携が大切です。援助者である精神保健福祉士にとって欠かせないこれら一連の業務のことをいいます。

✱ 精神保健福祉士の職場

精神科病院
保健所
小規模作業所
授産施設
生活訓練施設
地域生活支援センター
総合病院精神科
精神科クリニック
デイケア施設
精神保健福祉センター
グループホーム
福祉ホーム
福祉工場

Session-4

Part 7 心理カウンセラーのライセンスをとる！

受験資格は？

　精神保健福祉士になるには国家試験に合格しなければなりません。

　受験資格には卒業大学別、実務経験別に11の道があります。そのどれに当てはまるのかよく調べましょう。また、受験資格を取得するまでに実務経験などが必要です。長期的なプランが必要でしょう。

試験は17科目群

　試験は年に1回で2月上旬、筆記試験のみです。試験科目は「精神疾患とその治療」「精神保健の課題と支援」「精神保健福祉相談援助の基盤」「精神保健福祉の理論と相談援助の展開」「精神保健福祉に関する制度とサービス」「精神障害者の生活支援システム」の専門6科目群と、社会福祉士試験と共通の11科目群の計17科目群あります。

　社会福祉士の資格を持っている人は一部科目が免除になります。受験を申し込むときに申請しましょう。

大学を出ていないけど…

　大学を卒業していなくても受験は可能です。修業2年以上の短大、専修学校、各種学校で指定科目を履修していて、実務経験がある人、また精神保健福祉士養成施設を卒業した人も受験できます。

　詳しくは試験センターへ。申し込み期間は受験する前年の9月上旬から10月上旬です。受験料は24,140円。合格発表は3月上旬～中旬です。

> **問い合わせ先**
> 公益財団法人社会福祉振興・試験センター
> 〒150-0002
> 東京都渋谷区渋谷1-5-6
> SEMPOSビル
> TEL：03-3486-7521（試験室）

精神保健福祉士になるまで

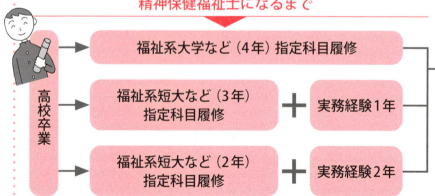

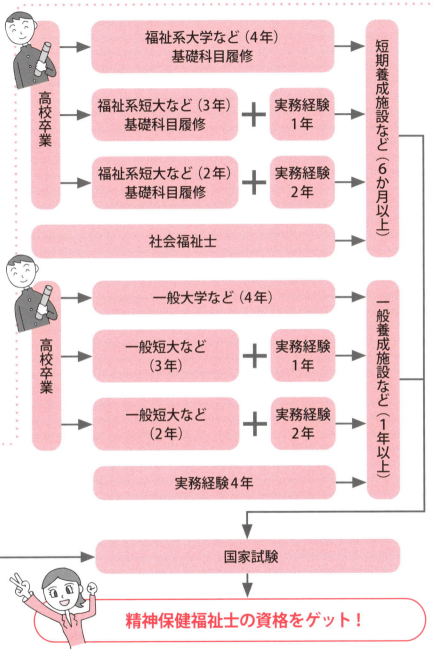

※国家資格なので受験資格を取得することが先決。
※実務経験とは精神障害者の社会復帰に関する相談援助を主たる業務として行っていることで、医療の観点からの看護業務は含まれない。

Column 自分でできるリラックス法　自律訓練法

　学校、アルバイト、仕事、スポーツなどでいざというときに集中力を高めたい、緊張によるあがり症を防止したい、心身症・車酔い・不眠などの解消、たまった疲れを取り除きたい、そんなときにこの技法を知っておくといい効果を得られるかもしれません。自律訓練法は、1932年、ドイツのシュルツによって提唱された行動療法の一種で、注意集中・自己暗示の練習によって心身をリラックスさせ、病気治療や健康増進に役立てる方法です。臨床心理の現場でも用いられており、また、自分でも簡単にできます。

 STEP-1→2→3の手順を1日3回、1回につき5～10分練習する。

STEP-1
身体を締めつけているもの、ベルトやネクタイなどは全て外して身体全体を楽にする。なるべく静かな場所で、イスに腰をかける、仰向けになるなどのリラックスした姿勢で目を閉じる。

STEP-2
次の言葉を頭の中でゆっくり繰り返す。
　①気持ちが落ち着いている（安静感）
　②手足が重たい：右手→左手→右足→左足の順（重量感）
　③手足が温かい：右手→左手→右足→左足の順（温度感覚）
　④心臓が静かに規則正しく打っている（心臓調整）
　⑤楽に息をしている（呼吸調整）
　⑥胃のあたりが温かい（腹部調整）
　⑦額が涼しい（頭部調整）

　上の言葉は手足の重量感・温度感覚を表し「言語公式」と呼びます。①から順番に、ゆっくりと言葉を頭の中で繰り返し、それを体得できたら次の言葉を繰り返します。①から⑦までを一度に体得することは難しいでしょう。少しずつ、クリアできる言語公式のレベルを上げてください。頭の中で想像するだけで、身体に何らかの変化が起こることは、普段からよく経験していると思います。例えば、酸っぱいレモンなどの柑橘系のフルーツを口に含むことをイメージしてみてください。イメージするだけで、口の中が唾液でいっぱいになることでしょう。自律訓練法において、この言語公式を繰り返すことは、自分を暗示にかけ、重量感や温度感覚など身体に起

こる生理学的な変化が心にまで影響を及ぼし、プラス方向に効果をもたらすことをねらいとしています。

STEP-3
腕を強く屈伸し、背伸びを大きくして、深い呼吸の後、目を開ける。
この消去動作は、必ず行ってください。心地よく目覚めるイメージを作りながら行うと効果的です。

GOAL
- 蓄積された疲労が回復する。
- イライラせず、穏やかになる。
- 自己統制が進んで、衝動的行動が少なくなる。
- 仕事や勉強の能率が上がるようになる。
- 身体的な痛みや精神的な苦痛が緩和される。
- 内省力がつき、自己向上性が増す。
- 高血圧の血圧が下がり、狭心症の症状が改善する。
- 不安・痛み・イライラ感などがなくなり、ぐっすり眠れるようになる。
- タバコの吸いすぎ、爪かみや貧乏ゆすり、かんしゃくなどのストレス解消行為がなくなる。

　自律訓練法は自宅で一人でもできますが、間違った方法で行うと逆効果になることがあります。例えば、胃腸の弱い人が、⑥の腹部調整を行ったり、心臓の弱い人が、④の心臓調整を行ったりすることは身体に負担をかけます。まずは指導者の下で正しい訓練をしましょう。何回か続けていると、自分がさらにリラックスできる環境などがわかってきます。静かな音楽を流してみたり、照明を落としてみたり、お気に入りのお香をたいてみたりなど。また、さらに習得すると、電車の中や、仕事場などでもできるようになります。また、習得するまでの期間には個人差があり、意気込んで習得をめざしても、思い通りにならず途中でギブアップしてしまう場合も多くあります。毎日少しずつマスターすることを心がけて気長に練習してください。
　日本自律訓練学会では、自律訓練法の研究、指導者の養成、正しい普及・実践を行っています。

＊問い合わせ先　　日本自律訓練学会事務局
〒305-8574　茨城県つくば市天王台1-1-1　筑波大学体育系　坂入研究室気付
https://www.jsoat.jp/contact-base/jimukyoku

5 交流分析士（協会認定） 民 試験 入会講座

交流分析士には日本交流分析学会が認定する資格と、日本交流分析協会が認定する資格があります。どちらも同じエリック・バーンの理論、いわゆる個人が成長し変化するための系統的な心理療法「交流分析（TA）」が基盤にあります。ここでは協会認定の資格についてとりあげます。

より豊かな精神文化のために

TAは複雑な心の内をわかりやすく説明してくれる、誰にでも気軽に学べる心理学です。

TAは「私はOK、あなたもOK」という交流分析の哲学を基盤として、好ましい人間関係に包まれた社会を創造しようと提言します。心身面の気づき、自律心、生きがい、働きがいを求めてこの理論をさらに進め、教育や福祉、産業、行政、サービスの領域で活かそうとしているのです。詳しくいうと良好な家族関係や組織内のチームワークを築いたり、顧客を満足させるサービスを徹底したりすること、人間を尊重した経営管理者、また学校・自治体・企業でのリーダーシップの向上、あるいは余命告知を受けた人に対するよき傾聴者としてなどの役割を果たそうというわけです。自分自身をよく理解することで相手もよく理解でき、関係作りも円滑になっていくでしょう。

エリック・バーンの提唱する自律した人間とは

1. 自己理解と気づき
- 自分自身をよく理解しており、自分の目で見、考えることができる。
- 自分の周りの自然、および自然から来るメッセージに気づいている。
- 自分の肉体からのメッセージに気づいている。
- 全身の五感を全部使って、「今ここで」の瞬間を楽しむことができる。

2. 自発性
- どの自我状態からも、自由に、必要に応じた選択と行動ができる。

3. 親密さ
- 人々と温かく素直で誠実な交わりをすることができ、心理ゲームをしたり、他人を低く見たりすることがない。

7つのジャンル

協会の姿勢からTAを7つのジャンルにまとめてみます。

1. ストロークとは「なでる、さする」の意味がありますが、相手の存在を認める言動の全てを指しています。幸・不幸を感じるのはストロークの出し方、受け方によるというものです。

2. 自我状態とは相手をほめたり批判したりする「親」、状況判断をする「大人」、天真爛漫だったり、頼ったりする「子ど

も」の3つの心のこと。エゴグラムを使って自分の自我状態を知ることができます。

3. **対話分析**とは相手にも3つの心があることを理解し、相手の気持ちに沿った対応をすることです。

4. **人生態度**とは、「自分」および「他人」に対しての基本的立場のことです。

5. **心理ゲーム**とは特定の人との関係において、いつも決まった不快な感情が残る結末になるやりとりのことです。

6. **時間の構造化**とは人がストロークを求める方法としてどのように時間を使っているか、その使い方のことです。

7. **人生脚本**とは子ども時代に作られた無意識の人生計画が大人になっても影響しているということです。

TAで活躍する

ではどんな職業でこの理論が用いられているのでしょう。看護師、介護福祉士、カウンセラー等はTAを用いて相手の気力を充実させています。ビジネスの場面では、さまざまな人間関係を円滑にして、より良い関係を形成し、教育の場面では、生徒や保護者と学校との信頼関係を築き、地域サークルの場では、心の通い合う勉強会を実現させている講師がいます。

資格の種類と取得方法

・**初級**：初級講座（20時間）受講後、認定試験（1日間）の合格者。

・**2級**：2級講座（40時間）受講後、認定試験（2日間）の合格者。

・**1級**：2級認定試験に合格し、1級講座（42時間）受講後、認定試験（2日間）の合格者。

・**インストラクター**：1級認定試験に合格した後、受験できる。インストラクター養成講座受講資格試験に合格し、養成講座（基礎18時間・実技20時間）の受講後、認定試験（インストラクション・面接）の合格者。

・**准教授**：インストラクター資格取得後、2年以上経過し、一定のTA関連講座（基礎18時間・実技20時間）を受講し、指導歴、論文審査ならびに発表審査の合格者。

・**教授**：准教授資格取得後、3年以上経過し、一定のTA関連講座を受講し、指導歴、論文審査、発表審査の合格者。

・**TA心理カウンセラー**：インストラクター資格取得後1年以上経過し、TA心理カウンセラー養成講座（10日間）受講後、認定試験（学科・実技）の合格者。「スーパービジョン」の受講義務がある。

・**TA子育ち支援士**：交流分析士2級以上の資格取得者で、子育て中の養育者、支援者、その他子育てに関心のある者。養成講座を受講後、認定試験の合格者。

問い合わせ先
NPO法人
日本交流分析協会本部事務局
〒101-0054
東京都千代田区神田錦町3-19-21
橋ビル3階
TEL：03-5282-1565

Session-4

Part 7

心理カウンセラーのライセンスをとる！

111

交流分析士（協会認定）になるまで

交流分析士初級講座（20時間受講）
▼
初級認定試験（1日間）
▶ **交流分析士初級の資格をゲット！**

※申請により2級講座に編入可能。

交流分析士2級講座（40時間受講） ▶ 2級認定試験（2日間）

交流分析士2級の資格をゲット！

交流分析士1級講座（42時間受講） ▶ 1級認定試験（2日間）

交流分析士1級の資格をゲット！

インストラクター養成講座受講資格試験合格者

インストラクター養成講座
（基礎18時間・実技20時間受講）
▶ インストラクター認定試験
（インストラクション・面接）

インストラクターになる！

― 1年以上経過後 ―

TA心理カウンセラー養成講座
（10日間受講）
▼
TA心理カウンセラー認定試験
（学科・実技）

TA心理カウンセラーの資格をゲット！
（スーパービジョンの受講義務）

― 2年以上経過後 ―

一定のTA関連講座
（基礎18時間・実技20時間受講）
▼
准教授認定試験
（指導歴・論文審査・発表審査）

准教授の資格をゲット！

― 3年以上経過後 ―

一定のTA関連講座
▼
教授認定試験
（指導歴・論文審査・発表審査）

教授の資格をゲット！

6 心理相談員 [民] [研修]

厚生労働省は、労働安全衛生法に基づいて、事業者が労働者の健康保持増進を図っていくというトータル・ヘルス・プロモーション・プラン（THP）を推進し、その一環として1988年からストレス対策（メンタルヘルスケア）が取り入れられ、この担い手として「心理相談員」が生まれました。

メンタルヘルスの背景

厳しい経済情勢の中、企業等において強い不安・ストレスなどによる心の不調を訴える労働者が増加してきています。うつによる長期休職、また深刻な場合には自殺など、業務に密接な関係があると判断された場合は、労災の補償対象ともなります。中には、事業者が民事上の損害賠償責任を問われる例もあります。

これは事業者としても決して見過ごせない問題であり、メンタルヘルス（心の健康）ケアへの関心は年々高まってきました。労働者のメンタルヘルス不調を企業経営におけるリスクと考え、組織全体の心の健康レベルを引き上げていくことが、企業の活性化・生産性の向上につながるという考え方も出てきています。

心理相談員は、厚生労働省のトータル・ヘルス・プロモーション・プランに準じて中央労働災害防止協会（特別民間法人）が認定する民間資格です。2018（平成30）年4月から始まった厚生労働省による第13次労働災害防止計画でも、ストレスチェックの実施を含めたメンタルヘルス対策の必要性が示されています。

心理相談員の役割

メンタルヘルスケアは、働く人自身の「気づき」から始まります。THPでの心理相談員の役目は①メンタルヘルスケアの実施、②ストレスに対する気づきの援助、③リラクゼーションの指導、④良好な職場環境の雰囲気作り（相談しやすい環境など）です。

心理相談員は職場においての心と体の健康作りの専門スタッフといえます。

✻ 心理相談員の役割

1. メンタルヘルスケアの実施
2. ストレスに対する気づきの援助
3. リラクゼーションの指導
4. 良好な職場環境の雰囲気作り

専門研修を受講

心理相談員の資格取得のためには、中央労働災害防止協会が専門研修を実施しています。この研修を受けて登録すると資格がとれます。企業の人事や労務部門の担当者や、企業と契約している医療法人のスタッフがこの資格を取得している場合が多いようです。

研修の内容

研修には健康測定の結果に基づいて、産業医が必要と認めた場合や、本人の希望に従って実施する、メンタルヘルスケアに必要な知識や技能を修得する内容がしっかり編成されています。

また、2022（令和4）年から心理相談専門研修のカリキュラムがリニューアルされました。改正されたTHP指針（事業場における労働者の健康保持増進のための指針）に対応し、より実践的な研修となっています。

標準カリキュラム例

動画事前学習（試聴期間7日間＋レポート作成）
- 働く人の健康づくりの動向
- メンタルヘルス指針に沿った事業場での取り組み
- メンタルヘルスケア技法　など

集合研修（1日目）
- 心身医学・精神医学の基礎
- メンタルヘルスケア技法　など
- 面接技法

集合研修（2日目）
- 心理相談担当者の活動の実際
- 企業の事例を基にした事例検討　など

研修を受けるには次の資格のある人が対象となります。

①衛生管理者、②保健系国家資格（医師・保健師・看護師・助産師・管理栄養士など）、③産業カウンセラー、④認定心理士、⑤公認心理師、⑥精神保健福祉士、⑦臨床心理士、⑧社会福祉士、⑨労働衛生コンサルタント、⑩キャリアコンサルタント、⑪社会保険労務士、⑫本協会実施の「運動指導専門研修」または「ヘルスケア・トレーナー養成研修」を修了した者、⑬本協会実施の「事業場内メンタルヘルス推進担当者養成研修」、「管理監督者・職場リーダーのためのメンタルヘルスラインケアセミナー」を2つとも修了した者。

本研修を修了すると、心理相談員の名称で指導者登録することができます。

集中研修

研修の参加費は賛助会員が44,550円、一般が49,500円で、研修期間は事前学習（オンデマンド）5.5時間と、集合研修2日間（12時間）です。

問い合わせ先

中央労働災害防止協会
健康快適推進部
〒108-0014
東京都港区芝5-35-2
安全衛生総合会館6階
TEL：03-3452-2517

心理相談員になるまで

衛生管理者 →

保健系国家資格（医師・保健師・看護師・助産師・管理栄養士など） →

産業カウンセラー、認定心理士、公認心理師、精神保健福祉士、臨床心理士 →

社会福祉士、労働衛生コンサルタント、キャリアコンサルタント、社会保険労務士、 →

本協会実施の指定研修を修了された方 →

→ 心理相談専門研修（動画事前学習＋集合研修）

↓

心理相談員の資格をゲット！

※心理相談員は産業医の指示に従って相談を行う。

Session-4

Part 7　心理カウンセラーのライセンスをとる！

115

7 家族相談士

家族の中でさまざまな葛藤や混乱が起きていることが報告されて以来、家族に対する心理的援助が求められてきました。日本家族心理学会と日本家族カウンセリング協会はこの家族に対する心理的援助の専門団体として、研究・研修活動を行っています。

■ 家族カウンセリングって？

家族カウンセリングについてですが、それは70年ほど前、アメリカで始まった家族への心理的援助の理論と方法です。1950年代に教育分野や統合失調症の治療で家族へのアプローチが求められ、カウンセリングの新しい方法として発展してきました。個人の問題は大なり小なり家族関係の影響を受けています。そこで家族をひとつのシステムとしてとらえ、歪みを見つけてバランスを正すために援助していくわけです。

■ 家族関係の調整のために

家族相談士の資格は日本家族心理学会と日本家族カウンセリング協会が協同して1992年に設けました。認定しているのは家族心理士・家族相談士資格認定機構です。

家族相談士の仕事は家族関係の調整や健康な家族を作るための助言、指導、啓発活動です。

■ 広い活躍の場

ただ現代は家族といえども、学校や職場、地域などと深く結びついています。家族相談士は一家族を関連的に縦横から援助していかなくてはなりません。そういう意味からも広い分野からの要請があり、活躍が期待されています。

教育関係では保育園、幼稚園、小学校、中学校、高校、大学、塾、養護学校など、福祉関係では特別養護老人ホーム、身障者施設、作業所など、病院関係、地域関係では市町村住民の家族個別相談のほか、電話相談など、家庭裁判所関係では家裁調停委員など、その他講演・セミナーの講師、家庭関係学習会のリーダーなどがあります。

家族全体への働きかけで個人の問題をサポートしていく。

資格認定取得の条件

家族相談士の資格試験を受験するには、次の条件のいずれかがクリアされなければなりません。

1. 家族心理学の領域で、研究実績および臨床経験を有する者。
2. 家族相談士養成講座に登録し、指定年度以降に修了を認められた者。

養成講座

家族相談士養成を目的に、家族相談士資格取得の規定に基づいたカリキュラムで毎年開講しています。

修了者に家族相談士資格認定試験の受験資格を与えています。資格試験は、年1回です。

● 受講資格
1. 一般社団法人家族心理士・家族相談士資格認定機構より養成指定を受けた団体 (NPO法人日本家族カウンセリング協会及び公益財団法人関西カウンセリングセンター) が受講を妥当と認めた者。
2. 心理・福祉・医療・教育・産業・司法関係等の専門職。
3. 心理学及び関連領域 (教育・福祉・看護等) の大学生、大学院生及び卒業修了者。
4. 一般社団法人日本家族心理学会、もしくはNPO法人日本家族カウンセリング協会に在籍している者。

問い合わせ先
一般社団法人
家族心理士・家族相談士
資格認定機構事務局
〒113-0033
東京都文京区本郷2-40-7 YGビル5階
TEL：03-3815-2680

Session-4

Part 7 心理カウンセラーのライセンスをとる！

家族相談士になるまで

| 家族相談士養成講座修了者 | 研究実績・臨床経験を有する者 |

↓

家族相談士資格認定試験

↓

家族相談士の資格をゲット！

8 産業カウンセラー　民　試験　入会講座

働く人たちの心の援助をするのが産業カウンセラー。いきいきと働けるように、心理学的手法を用いてサポートします。日本産業カウンセラー協会はこうした産業カウンセラーが中心になって組織されています。

快適な職場への働きかけ

近年は雇用の不安定化、成果主義の導入など職場の環境は厳しくなっていて、ストレスから体調を崩す人が増加しています。そんな人たちの心の援助をするのが産業カウンセラーです。

産業カウンセラーは心理療法やカウンセリングだけでなく快適な職場で仕事ができるように援助活動を行っています。

主な仕事は3つです。1つ目はメンタルヘルス対策への支援です。精神面の不調を訴える人に個別のカウンセリングを行うほか、職場の管理・監督者に対してもメンタルヘルス対策の導入と組織作りを助言していきます。

2つ目はキャリア形成への支援です。企業内外で通用する職業能力を養うための援助をします。終身雇用制が揺らいでいる昨今です。個人が自発的に競争力のある人材をめざして、キャリア開発に取り組まなければなりません。

3つ目は職場における人間関係開発への支援です。管理職と職員との関係、経営政策への参加意識、ソーシャルスキルなどを援助します。労使委員会への参画にも積極的に取り組みます。

❋ 産業カウンセラーの役割

1 メンタルヘルス対策への支援

2 キャリア形成への支援

3 職場の人間関係開発・職場環境改善への支援

級別の試験の内容

試験は産業カウンセラー、シニア産業カウンセラーに分かれています。

試験の内容は産業カウンセラーは基礎的学識、技能及び一般的な素養、シニア産業カウンセラーは専門的学識、カウンセリング経験に裏付けられた技能及び高次の素養などが判定されます。

受験資格

● 産業カウンセラー
1. 成人で協会の行う産業カウンセリングの学識および技能を修得するための講座を修了した者。
2. 大学院研究科で協会指定の専攻（課程）を修了し、協会指定の単位を取得した者。

3. 社会人として週3日以上の職業経験を通算3年以上有し、大学院研究科において協会指定の専攻（課程）を修了し、協会指定の単位を取得した者。

4. 4年生大学学部の卒業者であって、公認心理師法の別表「大学における必要な科目」のうち、協会指定の17科目について、所定の単位を取得した者。

●シニア産業カウンセラー

1. 産業カウンセラーの資格を有し、シニア産業カウンセラー育成講座を修了した者。

2. 産業カウンセラーの資格を有し、大学院研究科で協会指定の専攻（課程）を修了し、協会指定の単位を取得し、指定講座を修了した者。

養成講座

成人の方であれば、協会による養成講座を修了することで、産業カウンセラーの受験資格を得ることができます。養成講座は全国で開催されており、6か月コースと10か月コースがあります。

また、面接の体験学習は、通学コース（対面：104時間）、オンラインコース（スクーリング：28時間、ZOOM：76時間）、フルオンラインコース（ZOOM：104時間）の3つの学習スタイルから選ぶことができます。

問い合わせ先
一般社団法人 日本産業カウンセラー協会
〒105-0004　東京都港区新橋6-17-17
　　　　　　御成門センタービル6階
TEL：03-3438-4568

国家資格キャリアコンサルタント

キャリアコンサルタントとは、進路や職業選択に悩む相談者の興味や適性、経験などをもとにして、職業選択やスキルアップを効果的に行うことができるように支援する専門家です。2016（平成28）年4月に国家資格となりました。

国家試験受験資格

1. 厚生労働大臣が認定する養成講習を修了している者。

2. キャリアコンサルティングに関する実務を3年以上経験している者。

3. 技能検定キャリアコンサルティング職種の学科または実技試験に合格した者。

キャリアコンサルタント養成講習

本協会の講習を修了すると、国家資格キャリアコンサルタントの受験資格が得られます。

受講方法は、理論についてはテキストとe-Learningによる在宅学習（69時間）で、確認問題各回の正答率6割以上が修了条件となります。スクーリング（通学またはオンライン）は、12日間84時間行われ、実習および講義の84時間中70時間以上出席することと習得度確認試験で6割以上の基準をクリアすることが必要です。

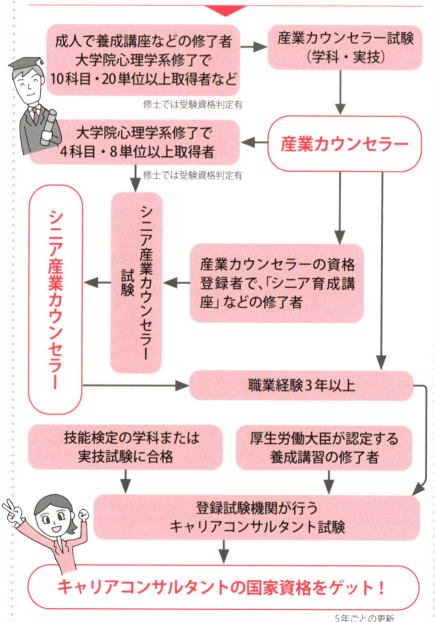

9 学校心理士

民 試験 書類審査

この資格を認定するのは一般社団法人学校心理士認定運営機構です。2011年には「学校心理士スーパーバイザー」の資格認定も開始しました。

子どもの環境を総合的に援助

学級崩壊、いじめ、不登校、ひきこもり……、昨今学校領域のさまざまな問題が取りざたされています。また自閉スペクトラム症のような就学上の支援を必要とする児童・生徒も増加傾向にあります。それは単に子どもだけのことではなく、周囲の教師や保護者にも適切な対応が求められる事象です。

学校心理士はそんな子どもが抱える学習面や心理・社会面、健康面や進路面など、学校領域の諸問題への解決を援助し、健全な発達に向けて活動する専門家です。

言い換えれば子どもの環境をオールラウンドに理解している、親しみやすくしかも頼もしい存在であるといえます。

学校心理学とは

では、そもそも学校心理学とは何でしょうか。この場合「学校」とは学校教育を指し、「心理学」とは心理学に基づく援助サービスを指します。つまり児童・生徒が問題を解決し成長するように心理的援助サービスをする理論と実践を支える学問体系です。

その対象には特別なニーズを持つ子どもも含まれます。そのサービスは教師や保護者と連携して行うもので、学校心理士の理論と実践の基盤になります。

職場はどんなところ？

学校心理士の活躍する場は、小学校、中学校、高等学校、特殊教育諸学校などの教育現場、教育センター、教育相談所等です。教育委員会の依頼を受けて相談業務に就いている人もいます。

学校心理士の役割は

問題解決に向けて、①子どもの環境について総合的に把握する心理的教育アセスメントを行い、②カウンセリングや心理療法による直接的援助で子どもの自尊感情や自己効力感を促進します。

同時に、③保護者や教師などへのコンサルテーションで保護者、教師などと子どもの状況について検討します。④学校組織に対しても学校心理学の専門的知識と技能を持ってコンサルテーションなどの心理教育的援助をします。子どもの教育諸問題に学校全体で取り組むように援助します。

✳ 学校心理士の役割

1 心理的教育アセスメント

2 カウンセリング＆心理療法

3 保護者・教師への コンサルテーション

4 学校組織への コンサルテーション

◤ 試験について

　試験は、毎年1回行われます。また申請する類型によって、試験Ⅰ（論述式）、試験Ⅱ（多枝選択式）、試験Ⅲ（面接）、試験Ⅳ（講習会＋論述式）の4種類のうちのどれを受けるかが異なります。

●**学校心理学大学院類型**…学校心理学関連大学院修了者および修了見込者対象～試験Ⅰ（論述式）

●**公認心理師大学院類型**…公認心理師関連大学院修了者および修了見込者対象～試験Ⅰ（論述式）

●**教職大学院類型**…教職大学院修了者および修了見込者対象～試験Ⅰ（論述式）、試験Ⅱ（多枝選択式）

●**学校教員類型**…教員の経験を有する者対象（教育職員免許状もしくは保育士資格を有する者）～試験Ⅰ（論述式）、試験Ⅱ（多枝選択式）

●**相談機関専門職類型**…相談機関等の専門職従事者対象～試験Ⅰ（論述式）、試験Ⅱ（多枝選択式）

●**大学教員類型**…大学・短期大学等の教員対象～試験Ⅲ（面接）

●**学校管理職類型**…学校管理職または教育行政職の従事者対象～試験Ⅰ（論述式）

●**公認心理師類型**…公認心理師資格を有する者対象～試験Ⅳ（講習会＋論述式）

●**海外資格類型**…海外での資格取得者対象～試験Ⅰ（論述式）

●**「准→士」類型**…すでに准学校心理士を有する者で学校心理学に関する専門的実務経験が3年以上（見込み含む）ある者対象～試験Ⅰ（論述式）、試験Ⅱ（多肢選択式）。

◤ 学校心理士スーパーバイザー

　学校心理士資格申請時のスーパーバイズや、会員へのスーパービジョン、研修会講師等を行う、学校心理士の上位資格です。

　資格条件は、学校心理学関連の大学教員や、研究主事・指導主事等、学校現場での学校心理士のリーダー等で、学校心理士の資格を10年以上有し、スーパーバイザーとしての人格および識見を備えた人となっています。

問い合わせ先
一般社団法人学校心理士認定運営機構
〒113-0033
東京都文京区本郷2-32-1
BLISS本郷ビル3階
TEL：03-3818-1554

学校心理士になるまで

- **学校心理学大学院類型**
  学校心理学関連大学院修了者および修了見込者対象

- **公認心理師大学院類型**
  公認心理師関連大学院修了者および修了見込者対象

- **教職大学院類型**
  教職大学院修了者および修了見込者対象

- **学校教員類型**
  教員の経験を有する者対象（教育職員免許状もしくは保育士資格を有する者）

- **相談機関専門職類型**
  相談機関等の専門職従事者対象

- **大学教員類型**
  大学・短期大学等の教員対象

- **学校管理職類型**
  学校管理職または教育行政職の従事者対象

- **公認心理師類型**
  公認心理師資格を有する者対象

- **海外資格類型**
  海外での資格取得者対象

- **「准→士」類型**
  すでに准学校心理士を有する者で学校心理学に関する専門的実務経験が3年以上（見込み含む）ある者対象

→ 申請書類記入

↓

審査 申請書類と筆記試験など（面接の場合もあり）で評価

↓

学校心理士の資格をゲット！

↓ 10年以上

学校心理士スーパーバイザーの資格をゲット！

※学校心理士の資格は、5年ごとの更新が必要。

10 教育カウンセラー 民 試験 入会講座

「教育の荒廃と混迷を癒すものは心理療法家ではなく心のふれあいをもてる教育者である」という理念の下に発足したのが日本教育カウンセラー協会です。教育カウンセラーは養成講座を受けて認定され、実践歴も評価されます。

専門教育者の立場で

教育カウンセラーの理想像は、学級経営や授業、特別活動や生徒指導、家庭訪問や三者面談、進路指導や道徳教育、個人教育プランなどにカウンセリングの発想や技法を駆使し展開できるプロフェッショナルです。

審査の基準

・**初級**：実践歴が1年以上（要望2年以上）、各種研修講座参加が22時間以上（要望40時間程度）ある者で、教育カウンセラー養成講座を受講し、その中で行われる筆記試験を受けます。

・**中級**：初級を有する者で実践歴が5年以上、スーパービジョンを1ケース以上受けていることと、著作物を1編提出できること、中級までの「教育カウンセリング標準カリキュラム」を学習していることが条件です。試験は筆記試験（初・中級テキスト内容）、実技試験、口述試験があります。

・**上級**：中級を有する者で実践歴が7年以上、スーパービジョンを2ケース以上受けていて、公式の場で発表済みの研究論文を2編提出できること、構成的グループエンカウンターリーダー養成ワークショップに参加し、エクササイズ係の経験があること、上級までの「教育カウンセリング標準カリキュラム」を学習していることが条件です。試験は筆記試験（初・中・上級テキスト内容）、実技試験、口述試験があります。

各試験を受験し、認定申請書および自己評価票等を提出し、試験結果と総合して審査を受けます。

✳ 認定申請書の実践歴と研修歴

実践歴	幼稚園・保育園・小学校・中学校・高等学校・養護学校・専門学校・短期大学・4年制大学等の専任または非常勤の教員として生徒指導・進路指導・教育相談・健康相談・障害児教育等に携わった経歴、ボランティア相談員　など
研修歴	学会（主催の研修会）・カウンセリングに関する民間団体主催の講座・教育委員会や研修センター主催の現職教員研修など教育の場面に関連したカウンセリングの研修　など

問い合わせ先	NPO法人日本教育カウンセラー協会 〒112-0012 東京都文京区大塚1-4-15 TEL：03-3941-8049

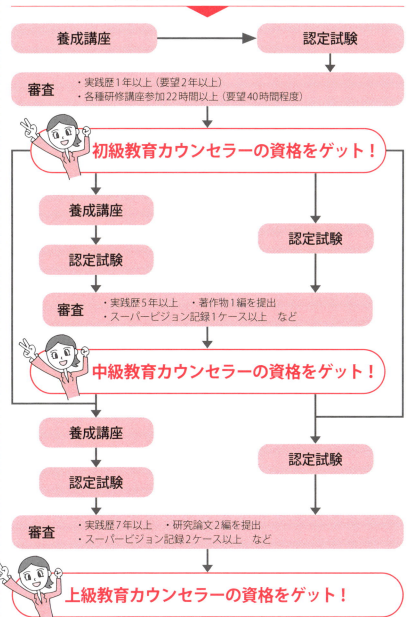

11 臨床発達心理士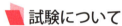

発達心理学を基礎として、幅広い援助を提供します。特に発達障害や子育て支援など、時代が求めるニーズにあった現場での活躍が期待されています。受験資格の一部には大学院修士課程修了などの要件もあり、専門性の高い資格です。

臨床発達心理士資格とは

臨床発達心理士は、発達心理学を基礎として、人の発達・成長、加齢に寄り添い、幅広い分野で心理支援を行います。臨床発達心理士認定運営機構により認定される民間資格で、心理士資格の中でも、専門性の高い資格です。

5年ごとの資格更新があり、更新には研修会への参加や、研究発表などの活動を行うことが必要です。また公認心理師制度の実施とともに、受験申請資格のひとつに公認心理師資格取得者が加わりました。

臨床発達心理士の役割

臨床発達心理士は、子育て、発達障害、社会不適応などの問題について、子どもから大人、高齢者までの幅広い世代を対象として、問題を面接や各種検査等で査定し、具体的な支援をします。

臨床発達心理士の職域は各種福祉施設や教育機関、クリニックなど多岐にわたり、また、地域に根ざした支援を行うことも特徴です。

試験について

試験は、原則として年1回行われます。一次審査（書類審査、筆記試験など）と二次審査（個別面接）に分かれており、一次審査の内容は、受験申込みの際の申請タイプ（受験資格）によって変わります。

資格認定された場合は、日本臨床発達心理士会会員となります。

受験資格により、申請タイプが5つに分かれています。申請タイプにより、一次審査の方法が異なります。

●タイプⅠ（院修了タイプ）
発達心理学隣接諸科学の大学院修士課程在学中、または修了後臨床経験3年未満。
●タイプⅡ-1（現職者院修了タイプ）
臨床経験が3年以上あり、発達心理学隣接諸科学の大学院修士課程を修了。
●タイプⅡ-2（現職者学部卒タイプ）
臨床経験が4年以上あり、発達心理学隣接諸科学の学部を卒業。
●タイプⅢ（研究者タイプ）
大学や研究機関で研究職をしている。
●タイプⅣ（心理師タイプ）
公認心理師資格を取得している。

臨床発達心理士スーパーバイザー

認定されて5年以上関連する業務・活動を継続し、1回以上資格更新すると、臨床発達心理士スーパーバイザーの申請資格を得ることができます。

問い合わせ先
一般社団法人
臨床発達心理士認定運営機構
〒160-0023
東京都新宿区西新宿6-20-12
山口ビル8階
FAX：03-6304-5705

臨床発達心理士になるまで

申請

↓

1次審査：タイプⅠ（院修了タイプ）
書類審査・筆記試験・臨床実習内容報告書審査

1次審査：タイプⅡ-1（現職者院修了タイプ）
書類審査・筆記試験あるいは事例報告書審査

1次審査：タイプⅡ-2（現職者学部卒タイプ）
書類審査・筆記試験あるいは事例報告書審査

1次審査：タイプⅢ（研究者タイプ）
書類審査・業績審査

1次審査：タイプⅣ（心理師タイプ）
書類審査

2次審査：口述審査（個別面接）

↓

臨床発達心理士の資格をゲット！

12 認定心理士

心理学部以外で心理学を学ぶと、授業の名称に「心理学」とつかない場合があります。この資格を取れば、心理学の標準的基礎学力と技能を修得していると認められます。公益社団法人日本心理学会が認定します。

心理の基礎を証明する

大学における心理学関係の学科名に「心理学」という名称がつかない場合、心理学を学んだ旨を証明することが難しくなります。心理関係の仕事に就く時に、支障がないとはいえません。そこで心理学の基礎的な知識、技能を持っていることをこの資格によって認定するわけです。

つまり副専攻的に心理学を学ぶ際の目安になります。逆にいえば、心理学科を出ていれば必要のない資格ともいえるでしょう。臨床経験はなくてもかまいません。また学会の会員でなくても申請できます。

申請できる条件

1. 認定申請（大学卒業後）
4年制大学在学中に取得した単位を卒業後に申請。
2. 仮認定申請（大学卒業前）
卒業時に申請書通りの単位が修得されることが確認できた段階で資格を保証。卒業見込証明書が発行される在学中に限る。
3. 日本心理学会会員の優遇措置

5年以上の正会員で、心理学関連科目を担当する大学等の教員。

認定に必要な科目

次ページの科目を参照しながら、各大学、学科の実情に応じ、名称にとらわれないで内容が含まれるか、担当教員が心理学を専門とする者かどうかで判断されます。基礎科目は**a**領域4単位以上、**bc**領域の合計が8単位以上でそのうち最低4単位分は**c**領域であること。選択科目は**defgh**の5領域中3領域以上で各4単位以上（必ず基本主題を含むこと）、かつ5領域の小計が16単位以上であること、これにその他の科目の単位を加えて総計36単位以上が必要です。

認定心理士の会

認定心理士資格取得者は、日本心理学会の下部組織である「認定心理士の会」に入会することができます。この会は、認定心理士資格取得者の相互連携や、資質・技能の向上をはかることによって、人々の心の健康と福祉の増進に寄与することを目的としています。

| 問い合わせ先 | 公益社団法人日本心理学会
〒113-0033
東京都文京区本郷5-23-13
田村ビル内
TEL：03-3814-3953 |

✻ 認定に必要な科目一覧

◆基礎科目		
a	心理学概論	心理学を構成する主な領域に関し、均衡のとれた基礎知識を備えるための科目
b	心理学研究法	心理学における実証的研究方法の基礎知識を備えるための科目
c	心理学実験実習	心理学における実験的研究の基礎を修得するための心理学基礎実験実習の科目
◆選択科目		
d	知覚心理学・学習心理学	知覚心理学または学習心理学の分野に関連する科目
e	生理心理学・比較心理学	生理心理学または比較心理学の分野に関連する科目
f	教育心理学・発達心理学	教育心理学または発達心理学の分野に関連する科目
g	臨床心理学・人格心理学	臨床心理学または人格心理学の分野に関連する科目
h	社会心理学・産業心理学	社会心理学または産業心理学の分野に関連する科目
◆その他の科目		
i	心理学関連科目、卒業論文・卒業研究	「基礎科目」・「選択科目」である上記aからhの複数の領域に関わる心理学関連科目および卒業論文・卒業研究

認定心理士になるまで

大学において必要単位を修得し卒業・修了した者 → 申請書類が認定委員会で審査される → 認定心理士の資格をゲット！

13 応用心理士

民 | 書類審査 | 入会

1933年に創立された日本応用心理学会が認定する資格です。同学会ではさまざまな社会活動を展開してきましたが、そのうちのひとつが「心理技術者養成教育課程に関する提案」でした。その流れに基づいて検討が重ねられ、1995年に応用心理士の資格が制定されました。

社会的地位を承認するために

現在、心理学関連の資格は、厳しい試験に合格しなければ認定されないもの、所定の単位を取得すれば認定されるものなど、認定団体の主旨によっていろいろです。応用心理士は認定の基準が学会の会員であり業績を持っていることと定められています。これは、この資格を取得することによって「個人や集団の心理学的指導に努力している人びととの社会的地位を承認するための一助」になるとの考えに基づいているためです。

職場での活動範囲が拡大

応用心理士は資格であって免許ではありません。これはほかの心理関係の資格と同じです。つまり免許は法律のもとに業務の独占ができますが、資格は個人の技術や経験が認められるということです。

つまり応用心理士という看板を掲げ、業務を独占することができるわけではないのですが、この資格があることによって、職場においての活動はより拡大され、多くの人々の承認が得られるはずです。

学んだ知識を活かす道

この資格を取得したからといって、一人で何でも完璧にできるわけではありません。心理関係という仕事の重要性をわきまえて、人事・労務関係、医療・看護関係、司法・矯正関係、交通関係、教育関係、相談関係など自分の従事する分野で、周囲に十分配慮しながら活動するようにしましょう。

もともと応用心理学とは心理学をいろいろな方面に応用していく学問です。同学会で発行しているニュースレターにはスクールカウンセラー、鑑別所の専門官、大学教授などの記事が載っていて、学んだ知識や技術の活かし方は何通りもあるということを紹介しています。

現在会員であることが条件

応用心理士の基礎的な条件として日本応用心理学会に入会後満2年を経過していて、現在も会員であることがあげられています。学会を退会すると、応用心理士の資格も失います。そのうえで次の1〜4項のいずれかに該当していて、

応用心理学の専門職としての資質があると認められなければなりません。

1. 大学または大学院で心理学専攻か準ずる分野を卒業あるいは修了した人。学位授与機構の審査により学士の学位を授与された人も含まれます。
2. 本学会機関誌に1件以上の研究論文（共著も含む）を発表した人、または本学会の年次大会において2件以上の研究発表（単独発表または責任発表のもの）をした人。
3. 認定審査委員会が応用心理学と関係があると認めた専門職で、3年以上の経験がある人。
4. 応用心理学と関係ある職で3年以上の経験があり、本学会研修委員会企画の研修会に5回以上参加した人。

学会入会の資格は？

入会の資格は4年制以上の大学で心理学およびその隣接分野*を専攻した者か、日本心理学諸学会連合が認定する心理学検定1級合格者で22歳以上の者などとされています。

いずれも、会員の推薦が必要です。

*隣接分野とは教育学、児童学、人間関係学、体育学、社会学、社会福祉学、芸術学、宗教学、医学（心身医学、精神医学、行動医学など）、看護学、経営学、認知科学（人工頭脳など）、人間工学など。

問い合わせ先
日本応用心理学会認定
「応用心理士」事務局
〒162-0041
東京都新宿区早稲田鶴巻町518
司ビル3階
株式会社　国際ビジネス研究センター内
TEL：03-5273-0473

応用心理士になるまで

学会へ入会後満2年
大学の心理学系・隣接分野を専攻した者。心理学検定1級合格者で22歳以上の者など。

↓

申請書類取り寄せ

↓

申請書類記入
①大学または大学院で心理学系または準ずる学科専攻
②学会機関誌に論文1件以上発表か、学会で研究発表2件以上
③専門職で経験3年以上
④関係ある職で経験3年以上、研修会に5回以上参加

↓

書類審査

↓

応用心理士の資格をゲット！

日本臨床心理士資格認定協会 第1種指定大学院一覧

2023年10月現在

◆国公立大学

	大学院名	研究科名	専攻名	公認心理師
	所　在　地		電話番号	資格対応
1	北海道大学大学院	教育学院	教育学専攻	◯
	〒060-0811　北海道札幌市北区北11条西7丁目		011-706-3494 （教育学事務部教務担当）	
2	岩手大学大学院	総合科学研究科	地域創生専攻	◯
	〒020-8550　岩手県盛岡市上田3-18-8		019-621-6064 （学務部入試課）	
3	東北大学大学院	教育学研究科	総合教育科学専攻	◯
	〒980-8576　宮城県仙台市青葉区川内27-1		022-795-6105 （教育学研究科教務係）	
4	秋田大学大学院	教育学研究科	心理教育実践専攻	◯
	〒010-8502　秋田県秋田市手形学園町1-1		018-889-2507 （大学院入試課）	
5	山形大学大学院	社会文化創造研究科	社会文化創造専攻	◯
	〒990-8560　山形県山形市小白川町1-4-12		023-628-4310 （地域教育文化学部担当）	
6	福島大学大学院	人間発達文化研究科	学校臨床心理専攻	◯
	〒960-1296　福島県福島市金谷川1		024-548-8064（入試課）	
7	筑波大学大学院	人間総合科学学術院	心理学学位プログラム	◯
	〒305-8577　茨城県つくば市天王台1-1-1		029-853-2215 （入試課）	
8	東京大学大学院	教育学研究科	総合教育科学専攻	◯
	〒113-0033　東京都文京区本郷7-3-1		03-5841-3908 （学生支援チーム大学院担当）	
9	お茶の水女子大学大学院	人間文化創成科学研究科	人間発達科学専攻	◯
	〒112-8610　東京都文京区大塚2-1-1		03-5978-5697 （大学院入試課）	
10	上越教育大学大学院	学校教育研究科	教育支援高度化専攻	◯
	〒943-8512　新潟県上越市山屋敷町1		025-521-3293 （入試課）	
11	信州大学大学院	総合人文社会科学研究科	総合人文社会科学専攻	◯
	〒380-8544　長野県長野市西長野6の口		026-238-4041 （心理学分野入試事務室）	
12	静岡大学大学院	人文社会科学研究科	臨床人間科学専攻	◯
	〒422-8529　静岡県静岡市駿河区大谷836		054-238-4485 （人文社会科学部学務係）	
13	名古屋大学大学院	教育発達科学研究科	心理発達科学専攻	◯
	〒464-8601　愛知県名古屋市千種区不老町		052-789-2606 （入試・学生関係）	
14	名古屋市立大学大学院	人間文化研究科	人間文化専攻	◯
	〒467-8501　愛知県名古屋市瑞穂区瑞穂町字山の畑1		052-853-8020 （学生課入試係）	
15	愛知教育大学大学院	教育学研究科	教育支援高度化専攻	◯
	〒448-8542　愛知県刈谷市井ケ谷町広沢1		0566-26-2203 （大学院・共通テスト）	
16	岐阜大学大学院	教育学研究科	教育臨床心理学専攻	◯
	〒501-1193　岐阜県岐阜市柳戸1-1		058-293-2359 （教育学部学務係）	

No.	大学院	研究科	専攻	
17	京都大学大学院	教育学研究科	教育学環専攻	○
	〒606-8501　京都府京都市左京区吉田本町		075-753-3010（教務掛）	
18	奈良女子大学大学院	人間文化総合科学研究科	心身健康学専攻	○
	〒630-8506　奈良県奈良市北魚屋西町		0742-20-3353（入試課）	
19	大阪大学大学院	人間科学研究科	人間科学専攻	○
	〒565-0871　大阪府吹田市山田丘1-2		06-6879-8014（教務係）	
20	大阪公立大学大学院	現代システム科学研究科	現代システム科学専攻	○
	〒599-8531　大阪府堺市中区学園町1-1		072-254-8319（入試課）	
21	神戸大学大学院	人間発達環境学研究科	人間発達専攻	○
	〒657-8501　兵庫県神戸市灘区鶴甲3-11		078-803-7924（教務学生係）	
22	兵庫教育大学大学院	学校教育研究科	人間発達教育専攻	○
	〒673-1494　兵庫県加東市下久米942-1		0795-44-2359（大学院入学相談室）	
23	鳥取大学大学院	医学系研究科	臨床心理学専攻	○
	〒683-8503　鳥取県米子市西町86		0859-38-7096（医学部学務課教育企画係）	
24	島根大学大学院	人間社会科学研究科	臨床心理学専攻	○
	〒690-8504　島根県松江市西川津町1060		0852-32-6073（入試課）	
25	岡山大学大学院	社会文化科学研究科	人間社会文化専攻	○
	〒700-8530　岡山県岡山市北区津島中3-1-1		086-251-7357（研究科教務学生担当）	
26	広島大学大学院	人間社会科学研究科	人文社会科学専攻	○
	〒739-8524　広島県東広島市鏡山1-1-1		082-424-6615（大学院課程担当）	
27	山口大学大学院	教育学研究科	学校臨床心理学専攻	×
	〒753-8513　山口県山口市吉田1677-1		083-933-5307（学務係）	
28	徳島大学大学院	創成科学研究科	臨床心理学専攻	○
	〒770-8502　徳島県徳島市南常三島町1-1		088-656-7108（総合科学部学務係）	
29	鳴門教育大学大学院	学校教育研究科	人間教育専攻	○
	〒772-8502　徳島県鳴門市鳴門町高島字中島748		088-687-6131（大学院入試係）	
30	香川大学大学院	医学系研究科	臨床心理学専攻	○
	〒761-0793　香川県木田郡三木町池戸1750-1		087-891-2074（大学院・入学試験係）	
31	愛媛大学大学院	教育学研究科	心理発達臨床専攻	○
	〒790-8577　愛媛県松山市文京町3		089-927-9377（教育支援課教育学部チーム）	
32	九州大学大学院*	人間環境学府	人間共生システム専攻	○
	〒819-0395　福岡県福岡市西区元岡744		092-802-6362（教務課人間環境学府担当）	
33	福岡県立大学大学院	人間社会学研究科	心理臨床専攻	○
	〒825-8585　福岡県田川市伊田4395		0947-42-1365（教務入試班）	
34	大分大学大学院	福祉健康科学研究科	福祉健康科学専攻	○
	〒870-1192　大分県大分市大字旦野原700		097-554-7006（入試課）	

＊…専門職大学院でも指定あり

◆私立大学

No.	大学・大学院	研究科	専攻	
35	札幌学院大学大学院	臨床心理学研究科	臨床心理学専攻	○
	〒004-8666　北海道札幌市厚別区厚別中央1条5-1-1		011-386-8111（代表）	
36	札幌国際大学大学院	心理学研究科	臨床心理専攻	○
	〒004-8602　北海道札幌市清田区清田4条1-4-1		011-881-8844（代表）	
37	北翔大学大学院	人間福祉学研究科	臨床心理学専攻	○
	〒069-8511　北海道江別市文京台23		011-387-3906（アドミッションセンター）	
38	尚絅学院大学大学院	総合人間科学研究科	心理学専攻	○
	〒981-1295　宮城県名取市ゆりが丘4-10-1		022-381-3311（入試課）	
39	東北福祉大学大学院	総合福祉学研究科	福祉心理学専攻	○
	〒989-3201　宮城県仙台市青葉区国見ケ丘6-149-1		022-727-2288（大学院事務室）	
40	福島学院大学大学院	心理学研究科	臨床心理学専攻	○
	〒960-8505　福島県福島市本町2-10		024-553-3253（入学広報課）	
41	医療創生大学大学院	人文学研究科	臨床心理学専攻	○
	〒970-8551　福島県いわき市中央台飯野5-5-1		0120-295110（企画課）	
42	常磐大学大学院	人間科学研究科	人間科学専攻	○
	〒310-8585　茨城県水戸市見和1-430-1		029-232-0007（アドミッションセンター）	
43	作新学院大学大学院	心理学研究科	臨床心理学専攻	○
	〒321-3295　栃木県宇都宮市竹下町908		028-670-3655（入試課）	
44	東京福祉大学大学院	心理学研究科	臨床心理学専攻	○
	〒372-0831　群馬県伊勢崎市山王町2020-1		0270-20-3673（入学課）	
45	川村学園女子大学大学院	人文科学研究科	心理学専攻	○
	〒270-1138　千葉県我孫子市下ヶ戸1133		04-7183-0114（事務部入試広報）	
46	淑徳大学大学院	総合福祉研究科	心理学専攻	○
	〒260-8701　千葉県千葉市中央区大巌寺町200		043-265-9803（大学院事務室）	
47	聖徳大学大学院	臨床心理学研究科	臨床心理学専攻	○
	〒271-8555　千葉県松戸市岩瀬550		0120-66-5531（受験相談フリーダイヤル）	
48	跡見学園女子大学大学院	人文科学研究科	臨床心理学専攻	○
	〒352-8501　埼玉県新座市中野1-9-6		048-478-3338（入試課）	
49	埼玉学園大学大学院	心理学研究科	臨床心理学専攻	○
	〒333-0831　埼玉県川口市木曽呂1510		0120-359-259（入試広報課）	
50	埼玉工業大学大学院	人間社会研究科	心理学専攻	○
	〒369-0293　埼玉県深谷市普済寺1690		048-585-6814（入試課）	
51	駿河台大学大学院	心理学研究科	臨床心理学専攻	○
	〒357-8555　埼玉県飯能市阿須698		042-972-1111（代表）	

52	東京国際大学大学院	臨床心理学研究科	臨床心理学専攻	○
	〒350-1198 埼玉県川越市的場2509		049-232-1116 （入学センター）	
53	文教大学大学院	人間科学研究科	臨床心理学専攻	○
	〒343-8511 埼玉県越谷市南荻島3337		048-974-8811（代表）	
54	文京学院大学大学院	人間学研究科	心理学専攻	○
	〒356-8533 埼玉県ふじみ野市亀久保1196		049-261-6488 （ふじみ野キャンパス）	
55	立教大学大学院	現代心理学研究科	臨床心理学専攻	○
	〒352-8558 埼玉県新座市北野1-2-26		048-471-6762 （学部事務5課）	
56	早稲田大学大学院	人間科学研究科	人間科学専攻	○
	〒359-1192 埼玉県所沢市三ヶ島2-579-15		04-2947-6855 （人間科学研究科入試担当）	
57	青山学院大学大学院	教育人間科学研究科	心理学専攻	○
	〒150-8366 東京都渋谷区渋谷4-4-25		03-3409-9528 （学務部教務課）	
58	桜美林大学大学院	国際学術研究科	国際学術専攻	○
	〒194-0294 東京都町田市常盤町3758		042-797-1583 （インフォメーションセンター）	
59	大妻女子大学大学院	人間文化研究科	臨床心理学専攻	○
	〒206-8540 東京都多摩市唐木田2-7-1		042-372-9970 （教育・学事支援センター）	
60	学習院大学大学院	人文科学研究科	臨床心理学専攻	○
	〒171-8588 東京都豊島区目白1-5-1		03-5992-1104 （心理学科）	
61	国際医療福祉大学大学院	医療福祉学研究科	臨床心理学専攻	○
	〒107-8402 東京都港区赤坂4-1-26		03-5574-3900（代表）	
62	駒澤大学大学院	人文科学研究科	心理学専攻	○
	〒154-8525 東京都世田谷区駒沢1-23-1		03-3418-9048 （入学センター）	
63	駒沢女子大学大学院	人文科学研究科	臨床心理学専攻	○
	〒206-8511 東京都稲城市坂浜238		042-350-7110 （入試センター）	
64	上智大学大学院	総合人間科学研究科	心理学専攻	○
	〒102-8554 東京都千代田区紀尾井町7-1		03-3238-3517 （学事局入学センター）	
65	昭和女子大学大学院	生活機構研究科	心理学専攻	○
	〒154-8533 東京都世田谷区太子堂1-7-57		03-3411-5154 （アドミッションセンター）	
66	白百合女子大学大学院	文学研究科	発達心理学専攻	○
	〒182-8525 東京都調布市緑ヶ丘1-25		03-3326-8092 （入試広報課）	
67	聖心女子大学大学院	人文社会科学研究科	人間科学専攻	○
	〒150-8938 東京都渋谷区広尾4-3-1		03-3407-5242 （入試課）	
68	創価大学大学院	教育学研究科	教育学専攻	○
	〒192-8577 東京都八王子市丹木町1-236		042-691-9423 （学事第2課大学院係）	
69	大正大学大学院	人間学研究科	臨床心理学専攻	○
	〒170-8470 東京都豊島区西巣鴨3-20-1		03-3918-7311 （大学院）	

Session-4

Part **7** 心理カウンセラーのライセンスをとる！

70	帝京大学大学院	文学研究科	心理学専攻	○
	〒192-0395　東京都八王子市大塚359		042-678-3317 (入試グループ)	
71	東京家政大学大学院	人間生活学総合研究科	臨床心理学専攻	○
	〒173-8602　東京都板橋区加賀1-18-1		03-3961-3473 (大学院事務室)	
72	東京女子大学大学院	人間科学研究科	人間社会科学専攻	○
	〒167-8585　東京都杉並区善福寺2-6-1		03-5382-6854 (入学課)	
73	東京成徳大学大学院	心理学研究科	臨床心理学専攻	○
	〒114-0033　東京都北区十条台1-7-13		03-3908-4566 (入試広報課)	
74	東洋英和女学院大学大学院	人間科学研究科	人間科学専攻	○
	〒106-8507　東京都港区六本木5-14-40		03-3583-4031 (大学院事務室)	
75	日本大学大学院	文学研究科	心理学専攻	○
	〒156-8550　東京都世田谷区桜上水3-25-40		03-5275-8001 (学務部入学課)	
76	法政大学大学院	人間社会研究科	臨床心理学専攻	○
	〒194-0298　東京都町田市相原町4342		042-783-4047 (人間社会研究科)	
77	武蔵野大学大学院	人間社会研究科	人間学専攻	○
	〒135-8181　東京都江東区有明3-3-3		03-5530-7300 (大学入試センター事務課)	
78	明治大学大学院	文学研究科	臨床人間学専攻	○
	〒101-8301　東京都千代田区神田駿河台1-1		03-3296-4143 (大学院事務室文学研究科)	
79	明治学院大学大学院	心理学研究科	心理学専攻	○
	〒108-8636　東京都港区白金台1-2-37		03-5421-5151 (入学インフォメーション)	
80	明星大学大学院	心理学研究科	心理学専攻	○
	〒191-8506　東京都日野市程久保2-1-1		042-591-5793 (アドミッションセンター)	
81	目白大学大学院	心理学研究科	臨床心理学専攻	○
	〒161-8539　東京都新宿区中落合4-31-1		03-3952-5115 (入学センター)	
82	立正大学大学院	心理学研究科	臨床心理学専攻	○
	〒141-8602　東京都品川区大崎4-2-16		03-3492-6649 (入試センター)	
83	ルーテル学院大学大学院	総合人間学研究科	臨床心理学専攻	○
	〒181-0015　東京都三鷹市大沢3-10-20		0422-31-4611 (代表)	
84	神奈川大学大学院	人間科学研究科	人間科学専攻	○
	〒221-8686　神奈川県横浜市神奈川区六角橋3-27-1		045-481-5857 (入試センター)	
85	北里大学大学院	医療系研究科	医科学専攻	○
	〒252-0373　神奈川県相模原市南区北里1-15-1		042-778-9557 (医療系研究科事務室)	
86	専修大学大学院	文学研究科	心理学専攻	○
	〒214-8580　神奈川県川崎市多摩区東三田2-1-1		044-911-1271 (大学院事務課)	
87	東海大学大学院	文学研究科	コミュニケーション学専攻	○
	〒259-1292　神奈川県平塚市北金目4-1-1		0463-58-1211 (代表)	

88	日本女子大学大学院	人間社会研究科	心理学専攻	○
	〒112-8681 東京都文京区目白台2-8-1		03-5981-3786（入試課）	
89	新潟青陵大学大学院	臨床心理学研究科	臨床心理学専攻	○
	〒951-8121 新潟県新潟市中央区水道町1-5939		025-368-7411（入試広報課）	
90	山梨英和大学大学院	人間文化研究科	臨床心理学専攻	○
	〒400-8555 山梨県甲府市横根町888		055-223-6022（入試・広報部）	
91	金沢工業大学大学院	心理科学研究科	臨床心理学専攻	○
	〒921-8501 石川県野々市市扇が丘7-1		076-248-0365（入試センター）	
92	仁愛大学大学院＊	人間学研究科	臨床心理学専攻	○
	〒915-8586 福井県越前市大手町3-1-1		0120-27-2363（入学・広報センター）	
93	常葉大学大学院	健康科学研究科	臨床心理学専攻	○
	〒431-2102 静岡県浜松市北区都田町1230		053-428-6736（入学センター（浜松））	
94	愛知学院大学大学院	心身科学研究科	心理学専攻	○
	〒470-0195 愛知県日進市岩崎町阿良池12		0561-73-1111（入試センター入試広報課）	
95	愛知淑徳大学大学院	心理医療科学研究科	心理医療科学専攻	○
	〒480-1197 愛知県長久手市片平2-9		052-781-7084（アドミッションセンター）	
96	金城学院大学大学院	人間生活学研究科	人間発達学専攻	○
	〒463-8521 愛知県名古屋市守山区大森2-1723		052-798-0180（代表）	
97	椙山女学園大学大学院	人間関係学研究科	人間関係学専攻	○
	〒470-0136 愛知県日進市竹の山3-2005		0120-244-887（入学センター）	
98	中京大学大学院	心理学研究科	臨床・発達心理学専攻	○
	〒466-8666 愛知県名古屋市昭和区八事本町101-2		052-835-9863（教務センター大学院係）	
99	同朋大学大学院	人間学研究科	仏教人間学専攻	○
	〒453-8540 愛知県名古屋市中村区稲葉地町7-1		052-411-1247（入試・広報センター）	
100	日本福祉大学大学院	社会福祉学研究科	心理臨床専攻	○
	〒460-0012 愛知県名古屋市中区千代田5-22-35		052-242-3050（名古屋事務室）	
101	人間環境大学大学院	人間環境学研究科	人間環境専攻	○
	〒444-3505 愛知県岡崎市本宿町上三本松6-2		0120-48-7812（入試・広報部）	
102	東海学院大学大学院	人間関係学研究科	臨床心理学専攻	○
	〒504-8511 岐阜県各務原市那加桐野町5-68		0120-373-072（入試係直通）	
103	鈴鹿医療科学大学大学院	医療科学研究科	医科学専攻	○
	〒510-0293 三重県鈴鹿市岸岡町1001-1		059-383-9591（入学課）	
104	京都先端科学大学大学院	人間文化研究科	人間文化専攻	○
	〒615-8577 京都府京都市右京区山ノ内五反田町18		075-406-9270（入学センター）	
105	京都光華女子大学大学院	心理学研究科	臨床心理学専攻	○
	〒615-0882 京都府京都市右京区西京極葛野町38		075-312-1899（入学・広報センター）	

＊…2023年度入学生より臨床心理士受験対応はなし

106	京都橘大学大学院	健康科学研究科	健康科学専攻	○
	〒607-8175　京都府京都市山科区大宅山田町34		075-574-4116（入学課）	
107	京都ノートルダム女子大学大学院	心理学研究科	臨床心理学専攻	○
	〒606-0847　京都府京都市左京区下鴨南野々神町1		075-706-3747（入試・広報課）	
108	京都文教大学大学院	臨床心理学研究科		○
	〒611-0041　京都府宇治市槙島町千足80		0774-25-2492（アドミッションオフィス）	
109	同志社大学大学院	心理学研究科	心理学専攻	○
	〒610-0394　京都府京田辺市多々羅都谷1-3		0774-65-7337（教務センター・心理学研究科）	
110	花園大学大学院	社会福祉学研究科	社会福祉学専攻	○
	〒604-8456　京都府京都市中京区西ノ京壺ノ内町8-1		075-277-1331（入試課）	
111	佛教大学大学院	教育学研究科	臨床心理学専攻	○
	〒603-8301　京都府京都市北区紫野北花ノ坊町96		075-366-5550（入学部）	
112	龍谷大学大学院	文学研究科	臨床心理学専攻	○
	〒600-8268　京都府京都市下京区七条通大宮東入大工町125-1		0570-017887（入試部）	
113	帝塚山大学大学院	心理科学研究科	心理科学専攻	○
	〒631-8585　奈良県奈良市学園南3-1-3		0742-48-8821（入試広報課）	
114	天理大学大学院	臨床人間学研究科	臨床心理学専攻	○
	〒632-8510　奈良県天理市杣之内町1050		0743-62-2164（入学課）	
115	奈良大学大学院	社会学研究科	社会学専攻	○
	〒631-8502　奈良県奈良市山陵町1500		0742-41-9502（入学センター）	
116	追手門学院大学大学院	心理学研究科	心理学専攻	○
	〒567-8502　大阪府茨木市西安威2-1-15		072-641-9165（入試課）	
117	大阪経済大学大学院	人間科学研究科	臨床心理学専攻	○
	〒533-8533　大阪府大阪市東淀川区大隅2-2-8		06-6328-2431（代表）	
118	大阪樟蔭女子大学大学院	人間科学研究科	臨床心理学専攻	○
	〒577-8550　大阪府東大阪市菱屋西4-2-26		06-6723-8274（入試広報課）	
119	近畿大学大学院	総合文化研究科	心理学専攻	○
	〒577-8502　大阪府東大阪市小若江3-4-1		06-4307-3036（共通教育学生センター）	
120	梅花女子大学大学院	現代人間学研究科	心理臨床学専攻	○
	〒567-8578　大阪府茨木市宿久庄2-19-5		072-643-6566（入試センター）	
121	立命館大学大学院	人間科学研究科	人間科学専攻	○
	〒567-8570　大阪府茨木市岩倉町2-150		072-665-2190（総合心理学部事務室）	
122	関西国際大学大学院	人間行動学研究科	人間行動学専攻	○
	〒673-0521　兵庫県三木市志染町青山1-18		078-341-1615（入試課）	
123	甲子園大学大学院	心理学研究科	心理学専攻	○
	〒665-0006　兵庫県宝塚市紅葉ガ丘10-1		0797-87-2493（入試センター）	

124	甲南女子大学大学院	人文科学総合研究科	心理・教育学専攻	○
	〒658-0001　兵庫県神戸市東灘区森北町6-2-23		078-431-0499（入試課）	
125	神戸松蔭女子学院大学大学院	文学研究科	心理学専攻	○
	〒657-0015　兵庫県神戸市灘区篠原伯母野山町1-2-1		078-882-6123（入試・広報課）	
126	神戸女学院大学大学院	人間科学研究科	人間科学専攻	○
	〒662-8505　兵庫県西宮市岡田山4-1		0798-51-8553（人間科学部事務室）	
127	神戸親和大学大学院	文学研究科	心理臨床学専攻	○
	〒651-1111　兵庫県神戸市北区鈴蘭台北町7-13-1		078-591-5229（アドミッションセンター）	
128	武庫川女子大学大学院＊	文学研究科	臨床心理学専攻	○
	〒663-8558　兵庫県西宮市池開町6-46		0798-45-3500（入試センター）	
129	川崎医療福祉大学大学院	医療福祉学研究科	臨床心理学専攻	○
	〒701-0193　岡山県倉敷市松島288		086-464-1064（川崎学園アドミッションセンター）	
130	就実大学大学院	教育学研究科	教育学専攻	○
	〒703-8516　岡山県岡山市中区西川原1-6-1		086-271-8118（入試課）	
131	ノートルダム清心女子大学大学院	人間生活学研究科	人間発達学専攻	○
	〒700-8516　岡山県岡山市北区伊福町2-16-9		086-255-5585（入試広報部）	
132	比治山大学大学院	現代文化研究科	臨床心理学専攻	○
	〒732-8509　広島県広島市東区牛田新町4-1-1		0120-229-145（入試広報課）	
133	広島修道大学大学院	人文科学研究科	心理学専攻	○
	〒731-3195　広島県広島市安佐南区大塚東1-1-1		082-830-1100（入学センター）	
134	安田女子大学大学院	文学研究科	教育学専攻	○
	〒731-0153　広島県広島市安佐南区安東6-13-1		082-878-8557（入試広報課）	
135	宇部フロンティア大学大学院	人間科学研究科	臨床心理学専攻	○
	〒755-0805　山口県宇部市文京台2-1-1		0120-38-0507（入試広報課）	
136	東亜大学大学院	総合学術研究科	臨床心理学専攻	○
	〒751-8503　山口県下関市一の宮学園町2-1		083-256-1111（代表）	
137	徳島文理大学大学院	人間生活学研究科	心理学専攻	○
	〒770-8514　徳島県徳島市山城町西浜傍示180		088-602-8090（人間生活学研究科）	
138	九州産業大学大学院	国際文化研究科	国際文化専攻	○
	〒813-8503　福岡県福岡市東区松香台2-3-1		092-673-5550（入試部入試課）	
139	久留米大学大学院	心理学研究科	臨床心理学専攻	○
	〒839-8502　福岡県久留米市御井町1635		0942-44-2160（入試課）	
140	西南学院大学大学院	人間科学研究科	臨床心理学専攻	○
	〒814-8511　福岡県福岡市早良区西新6-2-92		092-823-3368（大学院事務室）	
141	福岡大学大学院	人文科学研究科	教育・臨床心理専攻	○
	〒814-0180　福岡県福岡市城南区七隈8-19-1		092-871-6631（大学院事務課）	

＊2023年度入学生より臨床心理士受験対応はなし

142	福岡女学院大学大学院	人文科学研究科	臨床心理学専攻	○
	〒811-1313　福岡県福岡市南区曰佐 3-42-1		092-575-2970 （入試広報課）	
143	筑紫女学園大学大学院	人間科学研究科	人間科学専攻	○
	〒818-0192　福岡県太宰府市石坂 2-12-1		092-925-3511（代表）	
144	西九州大学大学院	生活支援科学研究科	臨床心理学専攻	○
	〒840-0806　佐賀県佐賀市神園 3-18-15		0952-37-9207 （入試広報部）	
145	別府大学大学院	文学研究科	臨床心理学専攻	○
	〒874-8501　大分県別府市北石垣 82		0977-66-9666 （入試広報課）	
146	鹿児島純心大学大学院	人間科学研究科	心理臨床学専攻	○
	〒895-0011　鹿児島県薩摩川内市天辰町 2365		0996-23-5311 （入試広報課）	
147	志學館大学大学院	心理臨床学研究科	心理臨床学専攻	○
	〒890-8504　鹿児島県鹿児島市紫原 1-59-1		099-812-8508 （入試広報課）	
148	沖縄国際大学大学院	地域文化研究科	人間福祉専攻	○
	〒901-2701　沖縄県宜野湾市宜野湾 2-6-1		098-893-8945 （入試センター）	

日本臨床心理士資格認定協会 第2種指定大学院一覧

2023年10月現在

◆国公立大学

	大学院名 所　在　地	研究科名	専攻名 電話番号	公認心理師 資格対応
1	北海道教育大学大学院	教育学研究科	学校臨床心理専攻	✕
	〒002-8501　北海道札幌市北区あいの里5条3-1-3		011-778-0324 (入試課入学試験グループ)	
2	岩手県立大学大学院	社会福祉学研究科	社会福祉学専攻	◯
	〒020-0693　岩手県滝沢市巣子152-52		019-694-2014 (教育支援室　入試グループ)	
3	東京学芸大学大学院	教育学研究科	教育支援協働実践開発専攻	◯
	〒184-8501　東京都小金井市貫井北町4-1-1		042-329-7203 (入試課大学院入試係)	
4	東京都立大学大学院	人文科学研究科	人間科学専攻	◯
	〒192-0397　東京都八王子市南大沢1-1		042-677-1111 (人文社会学部教務係)	
5	新潟大学大学院	現代社会文化研究科	現代文化専攻	◯
	〒950-2181　新潟県新潟市西区五十嵐2の町8050		025-262-6826 (人文社会科学系大学院学務係)	
6	琉球大学大学院	地域共創研究科	地域共創専攻	◯
	〒903-0213　沖縄県中頭郡西原町字千原1		098-895-9053 (国際地域創造学部学務係)	

◆私立大学

	大学院名 所　在　地	研究科名	専攻名 電話番号	公認心理師 資格対応
7	中央大学大学院	文学研究科	心理学専攻	◯
	〒192-0393　東京都八王子市東中野742-1		042-674-2613 (大学院事務室)	

◆通信制大学

	大学院名 所　在　地	研究科名	専攻名 電話番号	公認心理師 資格対応
8	放送大学大学院	文化科学研究科	文化科学専攻	✕
	〒261-8586　千葉県千葉市美浜区若葉2-11		043-276-5111 (総合受付)	

Session-4

Part 7 心理カウンセラーのライセンスをとる！

臨床心理士養成のための専門職大学院一覧

2023年10月現在

◆国公立大学

	大学院名 所　在　地	研究科名	専　攻　名 電話番号	公認心理師 資格対応
1	九州大学大学院[*]	人間環境学府	実践臨床心理学専攻 （専門職学位課程）	◯
	〒819-0395　福岡県福岡市西区元岡744		092-802-6362 （教務課人間環境学府担当）	
2	鹿児島大学大学院	臨床心理学研究科	臨床心理学専攻 （専門職学位課程）	◯
	〒890-0065　鹿児島県鹿児島市郡元1-21-30		099-285-7504 （専門職大学院係）	

◆私立大学

	大学院名 所　在　地	研究科名	専　攻　名 電話番号	公認心理師 資格対応
3	帝京平成大学大学院	臨床心理学研究科	臨床心理学専攻 （専門職学位課程）	◯
	〒170-8445　東京都豊島区東池袋2-51-4		03-5843-3200（入試係）	
4	帝塚山学院大学大学院	人間科学研究科	臨床心理学専攻 （専門職学位課程）	◯
	〒590-0113　大阪府堺市南区晴美台4-2-2		072-290-0652 （アドミッションセンター）	
5	広島国際大学大学院	心理科学研究科	実践臨床心理学専攻 （専門職学位課程）	◯
	〒737-0112　広島県呉市広古新開5-1-1		0823-70-4500 （入試センター事務室）	

＊…第1種指定大学院も併設されている

Session 5
大学・大学院で心理学を学ぼう!

Part-8 知っておくべき心理学の分野いろいろ

Part-9 心理学に関する主な学会一覧

Session-5
知っておくべき心理学の分野いろいろ
学校・クラス選びはじっくりと

短期大学で学ぶ

　全国でも少数ではありますが、心理学を学べる短期大学があります。2年間で心理学の基礎を習得できるというのは時間的、経済的な面でとても魅力的だと思います。保育や幼児教育などの学科を設置している短大なら、子どもに関連した心理学を学ぶこともできます。この場合、科目の名称に「心理学」が入っていない場合があるので、シラバス等で学習したい内容であるかどうかをチェックしてください。

　短大では4年制大学と違い、基礎知識の習得が中心となっています。さらに深く学びたい場合は、4年制大学へ編入するのも方法のひとつでしょう。

大学・大学院では、自らが学ばなければ誰も教えてくれません。担当教授と密に話し合い、指導を受け、研究を進めます。

学部・学科で心理学を学ぶ

　心理学は一言でいうなら「心と行動の科学」、つまり科学的根拠に基づく学問です。人文科学領域、社会科学領域、自然科学領域などとオーバーラップしているところがあるので文系と理系の中間くらいに位置している学問ともいえます。

　実際に心理学を大学で学ぶ場合の学科は、心理学科のほかに教育学科や人間福祉学科、社会福祉学科などが考えられます。このような心理学の近接領域も含んだ学部・学科で、心理学を体系的に学ぶことが望ましいことはいうまでもありません。しかし、一般教養科目にも「教育心理学」や「発達心理学」などはあるので、上記の学部や学科以外に入学したからといって、心理学を学ぶことが全くできないわけではありません。

　近年、心理学の近接領域も含んだ新しい学部や学科の設置は増加傾向にあり、臨床心理士の指定大学院まで設置されている大学も増えてきています。

　注意すべきは、大学によっては入学後に専攻が決まることです。心理学部や心理学科に入学すれば1年次から心理学を専攻しますが、文学部、教育学

部などに入学した場合、心理学系の専攻が2年次からになることがあります。この場合、1年次の終わりに選抜されるので、大学受験が終わったからといって気を抜くことはできません。心理学の勉強には語学、とくに英語は不可欠です。

大学の通信教育で学ぶ

社会人や、昼間通学ができない人には通信教育で学ぶ手段もあります。学習内容は独学で心理学のレポートを仕上げていくものです。自分の都合に合わせて学習できるのが魅力ですが、「勉強する」という強い意志が不可欠です。夏休みなどには実際に講義を受ける「スクーリング」があります。独学では学びきれない知識はスクーリングで質問するなどの工夫が必要になります。

大学院で専門的に学ぶ

心理カウンセラーをめざすなら4年制の学部を卒業後、大学院への進学も大いにあり得ます。大学院は、修士課程（博士前期課程）2年間と博士課程（博士後期課程）3年間に分かれます。

大学院では学部の時のようにいろいろな領域を広範囲に学ぶわけではありません。より絞り込まれたテーマについて、演習形式がメインの講義で学生が自ら取り組んで研究していくことになります。

つまり狭く深く学ぶため自分がどのようなテーマを選ぶかがカギになります。テーマは学生の関心の方向性を考慮しながら、担当教授の専門や関心領域の範囲で決定されます。教授によって専門領域の対象や方法、授業の形式などはさまざまです。自分が研究したいことは何かよく考え、目的をはっきりと持ち、どの研究室、どの教授のもとなら指導してもらえるか、入念な下調べが必要です。

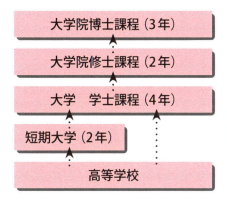

心理学の分野を知ろう

心理学の分野は、大きく**基礎心理学**と**応用心理学**に分けられます。基礎心理学とは心理学の一般法則を研究するもので、社会心理学、発達心理学、異常心理学などがあります。応用心理学は、基礎心理学によって得られた法則や知識を実際の問題に役立てる学問で、臨床心理学、教育心理学、産業心理学、犯罪心理学などがあります。

視点を置くのが人間の集団か個人かというところに両者の違いがありますが、互いに関連する部分は大きいので明確な区分ができるものでもありません。各心理学の分野では主にどのようなことを研究するのか、大学の講義等ではどんなことを学ぶのかを紹介します。

心理学の知識を活かせる分野

臨床心理学

スクールカウンセラー・学生相談室などの教育分野、病院・保健所などの医療分野、児童相談所・各福祉施設などの福祉分野、企業の健康管理室・相談室などの産業分野、家庭裁判所・少年院などの司法矯正分野、独立カウンセラー etc.

教育心理学

スクールカウンセラー、学校相談員、教師など学校関係を中心に、家庭や地域社会、企業、医療関連、福祉施設など教育心理学の知識や理論を発揮する場は多数

発達心理学

福祉分野の心理判定員・心理職、家庭裁判所の調査官、教師、地方自治体の心理判定員 etc.

認知心理学

教育分野、工学関連の産業分野、司法・行政分野 etc.

犯罪心理学

少年鑑別所・少年院・刑務所などの矯正施設、科学捜査研究所などの警察関連機関、児童相談所など福祉分野の現場 etc.

社会心理学

企業の広報や商品開発部門、地方自治体、安全指導など警察関連機関 etc.

産業心理学

企業の相談室・管理職・人事担当者・企画開発者など、地方自治体の相談室、独立カウンセラー etc.

人格心理学

医療・教育機関のカウンセラー、司法・福祉機関の心理職、ボランティア etc.

家族心理学

医療機関のカウンセラー、福祉・公衆衛生分野の心理職、司法分野の心理職、教育分野の相談員・カウンセラー etc.

知覚心理学

研究機関の研究員、医療機関のカウンセラー、福祉施設の心理職 etc.

青年心理学

中学・高校の教師、大学の教授、福祉関係の心理職、警察・司法の心理職、独立カウンセラー etc.

動物心理学

福祉・公衆衛生関係の心理職、精神保健福祉士、社会福祉士、医療関係のカウンセラー etc.

生理心理学

医療機関、科学捜査研究所、大学などの研究機関 etc.

健康心理学

企業の健康管理室、医療機関、福祉施設、リハビリテーションセンター、スポーツ施設、地方自治体の健康教育指導者 etc.

災害心理学

医療機関のカウンセラー、地方自治体の消防など防災分野職員、福祉関係の心理職、教師など教育関係 etc.

臨床心理学

心理学というと一般に臨床心理学の領域を思い浮かべる人が多いようです。臨床心理学についてはこれまでに詳しく述べましたが、簡単にいうと悩みや問題を抱えた人を援助する方法を考える分野です。学ぶ内容としては、さまざまな心理療法の理論や臨床現場で使用される心理検査、精神医学的な知識などになります。大学院によっては、スーパーバイザーの指導のもと、面接の実習を行ったりするところもあります。相談に来る人の人生に関わるわけですから、自分自身についてもよく知らなければなりません。そのためにも自己理解の姿勢が必要です。

具体的な心理療法技法としては精神分析療法、来談者中心療法、行動療法、論理療法、遊戯療法などさまざまです。実際の現場で使用される心理検査も、性格検査などの質問紙法、ロールシャッハ・テストに代表される投影法、作業検査法、発達検査などいろいろなものがあります。臨床心理学は主観が大きく作用するだけに、指導者によって流派や考え方が異なります。とくに大学院はできるだけ情報を集めて、自分に合った学びの場を探す必要があるでしょう。

教育心理学

教育過程における心の働きを心理学の知識と方法によって研究する学問です。教育というと「学校教育」を思い浮かべますが、家庭教育や社会教育など、生涯にわたって行われるものも含んでいます。つまり、ここでいう教育とは、広範囲な学習が効率よく行われるようにサポートすることであり、対象となる人の成長を期待しながら行う働きかけ全般を研究対象とします。人間は生涯にわたって学習する存在であるという考えが基盤にあるので、子どもから高齢者までが対象者となります。①「発達」領域：発達段階の心理的特徴、発達の法則、遺伝と環境の関わりなど、②「人格」領域：知能や性格などの個人差やその構造、発達・形成の過程、欲求耐性など、③「学習」領域：学習過程や関連する認知・思考・記憶の働きと発達など、④「測定・評価」領域：知能や性格特性の測定、学力の評価など、⑤「社会」領域：教師一生徒関係、社会性、道徳性・規範意識など、⑥「教授過程」領域：教科教育、学習指導など、⑦「臨床」領域：実際の事例、不登校、いじめなど、⑧「障害」領域：障害者・障害児理解、関係する諸問題などの領域が研究の対象となります。

Session-5

Part 8

知っておくべき心理学の分野いろいろ

発達心理学

発達とは、人間が生まれてから死ぬまでの間に起こる、身体面・行動面・認知面の変化のことをいいます。成人期以降の衰退する過程も発達ととらえます。生涯を通して起こるこの変化のプロセスを、周囲の環境との関係において研究する分野です。

生涯発達という観点から、乳幼児心理学、児童心理学、青年心理学、老年心理学と人生の区切りで細分化されることがあります。さらに知能の発達、人間関係の発達、感情の発達などに分けられることもあります。障害児の発達臨床、保育実践に関することもこの分野に含まれます。

発達心理学の理論はピアジェ、ヴィゴツキー、ワロン、エリクソンなど多くの研究者が説いています。

たとえば、「アイデンティティ」や「モラトリアム」といった用語は、エリクソンが提唱した概念です。

個体の発達過程に対して、文化的・社会的要因が与える影響についても研究され、その重要性が知られています。

大学の講義では、発達心理学の理論、各発達段階においてのプロセスと発達の課題、成人期以降の発達と諸問題 (自立、母親学、父親学、親としての成長など) を学ぶことができるでしょう。

認知心理学

コンピュータ技術や情報工学の進展は、心理学にも大きく影響しました。コンピュータの機能や構造を比較対象として、人間を研究する流れが生まれたのです。

認知心理学は、認知を人間の情報処理過程とみなして進められる、比較的若い学問です。知覚、記憶、思考、言語の大きく4つに分けて、人間の情報処理の仕組みについて研究が進んでいます。

知覚研究では感覚や形・空間・運動の知覚などを、記憶研究では記憶のプロセスや忘却などを、思考・言語理解の研究では問題解決過程や概念・推理、

象徴・記号、知能などをそれぞれテーマとして扱います。その方法論はとても多様化しています。実際の授業では行動主義と行動科学、人工知能、記憶モデル、短期記憶、長期記憶、知識の表象、問題解決と思考などを学びます。講義形態としてパソコンを使ったデモンストレーションや集団実験を交えたものもあります。

心理実験、データ解析をはじめ、計算機科学、神経生理学、言語学、教育学などの隣接領域になじむことも必要でしょう。

犯罪心理学

本来禁じられている犯罪を犯す人間の心のあり方、動きについて研究する応用心理学の一分野です。心理学の中でも特殊な分野といえるでしょう。なぜ罪を犯すのか、罪を犯す人と犯さない人の違いは何か、罪を犯した人の社会復帰などが研究対象です。人間の心に秘められた異常性、本性などを知ることで犯罪行為の予防、再犯の防止に役立てられることもあります。

講義では上記の内容のほかに精神分析的理解、あるいは社会病理的理解から犯罪者の人格に迫ったり、人格形成に関わる家庭の要因・学校不適応要因・社会不適応要因に触れたりします。さらに刑事司法システム、心理専門職の役割もその範囲に含まれます。

昨今は少年が非社会的な生き方をしているうちに、犯罪に関与する傾向があるように思えます。犯罪行為だけでなく、社会に適応できなくて生じる問題行動、少年本人の神経症的な訴えも含めて心の健康の問題が大切になるでしょう。罪を犯してしまった人の心理的背景を正しく理解するには、周囲でささやかれるあいまいな情報にまどわされず、確固とした自分の判断力を持っていなければなりません。

社会心理学

私たちは日々の生活の中で他者と互いに影響を与え合っています。他者との関係は、1対1の個人レベルから、学校や職場などの集団レベル、見ず知らずの人たちの集まりのような集合レベルなど、規模の違いはありますが、それらはそれぞれひとつの「社会」としてとらえることができます。そのような社会的・対人的な環境で起こる個人と他者の相互作用について研究をするという分野です。社会的な場面を他者との関係からとらえて理論化し、実験的な研究をする分野である、と言い換えることもできるでしょう。

もともとこの学問は集団研究が主なテーマでした。しかし、時がたつにつれ国際化、高齢化、情報化など、私たちの日常生活にも大きな変化が生じ、そこでの人と人との相互関係、すなわちテーマとして取り上げる「社会」も多様化し、変容しつつあります。

大学の講義では、入門として理論や実験的方法・実証的な研究、コミュニケーション関連などマクロな社会心理学の概説、統計学の基礎、多変量解析の手法、集団行動の実験的研究、人や集団を知覚し判断するプロセス、援助行動の心理などを学びます。

産業心理学

応用心理学のひとつで、心理学的な知見を産業活動で活用していくための研究をする分野です。初期の頃は、個人の職務分析や適性が中心の研究テーマでしたが、最近では社会心理的問題や動機づけ、人間工学分野もその範疇に入ります。

これらの研究テーマは①組織と人の関係（組織のあり方、人間関係、仕事の条件、採用・人事など）、②消費と人の関係（売る側・買う側の心理的価値に基づく消費行動）、③健康と人の関係（心と体の病の治療、ストレスを克服する力の育成）に大別できます。

昨今の産業界は製造業から情報などのサービス産業中心の構造へと雇用関係や組織構造も変化し、従業員だけでなく家族にも、さらには教育や文化にも影響しています。こうした領域を扱うには、広い視野で現象を見る感受性と多角的な発想力が必要となるでしょう。

実際の講義では、産業心理学の歴史、作業方法と負担、勤労意欲と自己実現、組織と集団の力学、消費者行動とマーケティング、広告戦略などについて学び、また、産業界で起きている問題の解決に向けて、心理学、人間工学、生理学などがどのように応用されているか、働くことの意義とは何かなどを考えていきます。

人格心理学

臨床心理学の基礎ともなる領域で、性格心理学とも呼ばれます。厳密に言えば、性格（キャラクター）は、感情や意思を伴う行動様式の特徴を指し、人格（パーソナリティ）は、知能や感情を伴う、環境に適応する機能の全体的な特徴を指すのですが、両者はほぼ同じ意味で用いられています。

パーソナリティのとらえ方にはさまざまな立場があります。よく知られているものとしては、パーソナリティをいくつかの典型に分類して、個人の全体像を総合的に把握する「類型論」と、どんな時も一貫している行動傾向を示す「特性論」があります。

そのほかにも、自我の働きを中心にしている「力動論」、行動の状況依存を重視する「状況論」などがあります。最近は青年期の人格形成が注目されていて、それが乳幼児期とどう関連しているのか、また自らが形成し作り変えていく人格の可能性も取り上げられています。

実際の講義では、性格の類型論と個性記述、性格の特性論と心理検査、遺伝と環境、性格の学習論と状況論、人格の一貫性と統合性、他者理解と自己理解などを学びます。臨床事例や映画からアプローチする講義もあります。

家族心理学

この学問では家族のメンバーがお互いに原因にもなれば結果にもなるという、円環的な見方をします。家族の関係そのものを研究対象とする分野で、この理論を基盤とした心理療法は家族療法と呼ばれます。家族内で何か問題が起きたとき、原因となっている誰か（何か）をつきとめて、それを取り除くという直線的な理解はせず、家族全体のシステムを変化させることで解決を図ることをめざします。例えば家族内で問題があるとされている特定の個人だけを面接するのではなく、家族全員が対象となります。家族心理学は歴史的に見ると若い分野ですが、家族療法の発展を背景に、問題の予防、アセスメント、ライフサイクル、コミュニケーション研究、家族社会学的見方など、研究対象の範囲は広がってきています。

昨今は家族心理学の講義を開いている大学が増えて、家族心理学の意義と目的、夫婦関係、結婚と家族の形成、親子関係、親離れ子離れ、少子化をめぐる問題、家庭環境が与える影響、家族の崩壊と回復などが講義テーマになっています。家族はメンバーの生存と憩いの場であり、人間形成の基盤ともなります。高齢化社会への対応も含めて、温かい家族のあり方を模索する分野ともなるでしょう。

知覚心理学

私たちが生活の中でどんな小さな行動でもうまくこなせるのは、外からの情報を取り入れる知覚の働きがあるからです。知覚の働きとは視覚、聴覚、触覚、嗅覚、味覚のいわゆる五感のことをいいます。刻一刻と変化する外界と自分の関係を五感で判断し、適応しています。「見える」「聞こえる」といった心的体験は、すべて知覚という働きによる結果なのです。知覚心理学はこのような外部からの情報を取り入れるプロセス、そのメカニズムの解明を目的とする分野です。この主題は心理学だけでなく、生理学、計算幾何学などでも研究されています。

知覚心理学は日々の体験がそのまま研究対象になります。例えば視覚についていうと、明るさ、色などというレベルから、運動、奥行き、形、そして文字、単語、物体の認識というレベルまでが研究材料となります。日常の知覚に無頓着ではいられません。さらに理解を深めていくためには人工知能、コンピュータなど関連分野の勉強も必要です。知覚に障害がある場合の行動を研究する領域もあります。実際の講義では五感に基づく知覚の方法、知覚の発達過程と外界との関わり、さまざまな知覚理論の対比、知覚の意識と心などを学びます。

Session-5

Part 8

知っておくべき心理学の分野いろいろ

青年心理学

青年心理学とは文字どおり青年期の心理を研究する分野です。

どの期間を青年期とするのかは学者や研究者によってさまざまで、13〜19歳を指す場合もあれば、25、26歳までを含める場合もあります。

身体の性的変化とともに激動の青年期が始まります。児童期は社会や親の価値観に従いましたが、青年期は何に価値を置くのか自問する時期です。そし

て反抗、批判というプロセスを経て自分の価値観を自覚して自己実現するようになります。そのプロセスの中で抱く自信や不安の入り混じった気持ち、複雑な心理を解明することが研究の目的となります。

講義では、青年心理学と教育の目標、親子関係、友人関係、異性関係、自分の自覚・価値、これからの人生、悩みの解決・克服の過程などを学びます。

動物心理学

人間以外の動物の心理を研究対象とする分野です。近年、動物の多様な心が解き明かされてきました。この分野の学者は人間も動物の仲間であるという認識を持っています。

これは2つの流れに分類することができます。ひとつは、人間を考えるための手段として動物の心理過程、とくに学習過程を研究するという流れです。実際、

心の働きや学習において、人間と動物の共通点は多く見受けられます。そして、もうひとつは動物が棲息する自然環境の中で、動物を観察する流れです。これは比較行動学とも呼ばれています。

講義では動物種の比較認知科学の最新情報や、動物から見た世界、類人猿の言語習得、種の認知、社会的関係の認知、動物の心の働きなどを学びます。

生理心理学

人間の行動や精神活動が、脳や体の機能とどのように関連しているかを研究する分野です。何かを記憶したり考えたりするときは、当然、脳が働いています。感情の変化が起これば、顔が赤くなったり体温が上がったりします。これらの例からも、身体と心は密接な関係にある

ことがわかるでしょう。

哲学の歴史の中でも、脳と心の関係は、長らく考えられてきた問題でした。近年は、コンピュータなどの科学技術の進歩により、活動中の脳内を画像にして観察したり脳波を測定したり、感情の変化などは、皮膚の電気信号や心拍数など

から、測定したりすることができるようになりました。このように、人間の意識体験である感覚の機能を、生理過程との関連から説明することを目的とします。

健康心理学

応用心理学のひとつで疾病の予防、健康の維持・増進はもとより、生涯発達と生活の質を向上させ、ヘルスケアシステムや健康政策の策定・改善など、健康的なライフスタイルの創造を研究する分野です。

身体的な健康は、性格、価値観などの個人的な要因だけでなく、会社、学校、地域社会などの集団からも影響を受けています。したがって医学、看護学、保健学、体育学、栄養学などと密接な関わりがある分野でもあります。現在はとくに身体を健康にする条件の分析に力点が置かれているようです。

研究の成果は、予防、治療、診断に利用されるという具体的な形で、人々の健康に関与することができます。

歴史的に若い学問領域ではありますが、近年は健康に関心のある企業が増えているので、研究成果は職場の健康環境作りなどに応用されていくことでしょう。

災害心理学

災害が起きたときの人間の心理的な反応や行動など、災害と人間心理の関連を研究する分野です。

その研究領域は、災害時のパニック、避難行動、流言飛語 (デマ) など、多岐にわたります。最近では災害体験者のトラウマ (心的外傷) によるストレスの研究も盛んになっています。日本は防災では先進国ですが、被災者の心理的ケアの支援体制はまだまだ発展途上です。災害時の被災者の心理の研究は、二次被害の拡大の防止にもつながることでしょう。研究成果が実際の現場で役立つところもこの分野の魅力のひとつかもしれません。

講義では災害時のさまざまな心理過程の実証を提示しながら、緊急時の心理と行動、被災者の意思決定、救援者の意思決定過程、災害を予防する側での心理学などを学びます。

Session-5

Part 8

知っておくべき心理学の分野いろいろ

153

Column

遊び心と好奇心の人
～森田療法の創始者：森田正馬～

　今や世界的に注目を浴びている森田療法。それは創始者の森田正馬(まさたけ)が元来好奇心旺盛で、しかも大いなる遊び心の持ち主であったからこそ生み出された療法と言える。

　正馬は1874年、高知県香美郡富家村（現：香南市）に生まれた。小学校時代、真言宗金剛寺で地獄絵図を見て以来、生死の問題が気にかかっていたことから、迷信的なものに惹(ひ)かれていく。占いや人相学などを勉強して、友人に易占いをやっていたほど。中学時代は精神的なものが原因と思われる心臓病を患ったため2回落第する。3年生の頃、親に無断で同級生と東京へ行き、郵便電信学校をめざし予備校へ入って猛勉強したが脚気(かっけ)になり故郷へ戻る。当時、脚気は原因不明の大病であった。さらに腸チフスを患う。療養中、自転車に乗る練習をしている最中に突然の心悸亢進(しんきこうしん)発作。これらいくつもの病気で5年課程のところを8年かかって卒業する。1895年、旧制熊本第五高等学校（現・熊本大学）へ入学。2年生の頃に新聞で知った幽霊屋敷の探検を行う。この頃から慢性的な頭痛に加えて神経性の腰痛になり、鍼灸・注射・薬物・温泉などありとあらゆる療法を試みている。

　東京帝国大学医科大学（現・東京大学医学部）に入学してからは、頻繁に心悸亢進発作が起こる。ところが、せっぱ詰まった定期試験で、死まで覚悟した猛勉強をした際に、集中するあまり病気のことをすっかり忘れてしまい、成績は上昇。そのときの試験を克服した体験が、森田療法を編み出す原点となる。

　正馬は、精神医学のほかにも、祈とうや催眠術などを独学する。開業した後は自宅を患者と共同生活をする場にし、患者と踊りを楽しみ、三味線を弾き、寝食を共にした。何でも自分でやってみて、自分で確かめる正馬の姿勢は精神科医になった後も変わらなかった。

　彼はこのような波乱万丈の体験をしながらも、むしろ「あるがまま」にそれを前向きに楽しんでいたように見える。子どものような遊び心と好奇心で生きた森田正馬の森田療法は、生活に忙しい現代社会でさらに見直されるだろう。

森田正馬（1874～1938）

心理学に関する主な学会一覧

2023年10月現在

●日本犯罪心理学会
●日本感情心理学会
●日本基礎心理学会
●日本社会心理学会
●日本催眠医学心理学会
〒162-0801
東京都新宿区山吹町358-5
アカデミーセンター

●日本パーソナリティ心理学会
〒113-0033
東京都文京区本郷5-23-13
田村ビル内
公益社団法人日本心理学会
JPASS事務局内
日本パーソナリティ心理学会
事務局

●日本健康心理学会
〒103-0013
東京都中央区日本橋人形町1-6-10
ユニコム人形町ビル4F
(株) プロアクティブ内

●日本応用心理学会
〒162-0041
東京都新宿区早稲田鶴巻町518
司ビル3階
(株) 国際ビジネス研究センター内

●日本認知・行動療法学会
〒100-0003
東京都千代田区一ツ橋1-1-1
パレスサイドビル
(株)毎日学術フォーラム内

●日本認知心理学会
〒819-0395
福岡県福岡市西区元岡744
九州大学大学院
人間環境学研究院内
日本認知心理学会事務局

●日本カウンセリング学会
〒112-0012
東京都文京区大塚3-5-2
佑和ビル2階

●日本心理臨床学会
〒100-0006
東京都千代田区有楽町2-10-1
東京交通会館5階

●日本交流分析学会
〒113-8655
東京都文京区本郷7-3-1
東京大学医学部附属病院心療内
科内

●日本精神分析学会
〒102-0075
東京都千代田区三番町2
三番町KSビル
(株)コンベンションリンケージ内

●日本発達心理学会
〒113-0033
東京都文京区本郷7-2-5
平清ビル401

●法と心理学会
〒650-0006
兵庫県神戸市中央区諏訪山町3-1
関西国際大学心理学部
板山昂研究室内

●日本自律訓練学会
〒305-8574
茨城県つくば市天王台1-1-1
筑波大学体育系坂入研究室気付

●日本家族心理学会
〒113-0033
東京都文京区本郷2-40-7
YGビル5階

●日本行動分析学会
〒540-0021
大阪府大阪市中央区大手通2-4-1
リファレンス内

●日本教育心理学会
〒113-0033
東京都文京区本郷5-24-6
本郷大原ビル7階

●日本臨床心理士会
〒113-0033
東京都文京区本郷2-27-8-401

●日本心理学会
〒113-0033
東京都文京区本郷5-23-13
田村ビル内

●日本学校心理学会
〒114-0033
東京都北区十条台1-7-13
東京成徳大学応用心理学部
田村研究室気付

●日本グループ・ダイナミックス学会
〒730-0053
広島県広島市中区東千田町1-1-89
広島大学大学院人間社会科学研
究科
相馬敏彦研究室

●日本リハビリテイション心理学会
〒422-8529
静岡県静岡市駿河区大谷836
静岡大学教育学部特別支援教育
専攻香野毅研究室内

●日本理論心理学会
〒272-8533
千葉県市川市国府台2-3-1
和洋女子大学人文学部心理学科
小沢哲史研究室内

●日本バイオフィードバック学会
〒470-0195
愛知県日進市岩崎町阿良池12
愛知学院大学心理学部心理学科
榊原研究室内

●産業・組織心理学会
〒161-0033
東京都新宿区下落合4-9-22
日東印刷 (株) 内

●日本動物心理学会
〒112-0005
東京都文京区水道2-13-4
ピクセル文京207号

●日本スポーツ心理学会
〒654-0044
兵庫県神戸市須磨区稲葉町7-2-17

現代人の悩みやストレス

現代人の悩みやストレスの状況について、厚生労働省の統計によると、12歳以上の者（入院者を除く）では47.9%が悩みやストレスを抱えており、年齢階級別では男女ともに30代から50代が多く、性別では女性の方が多くなっています。

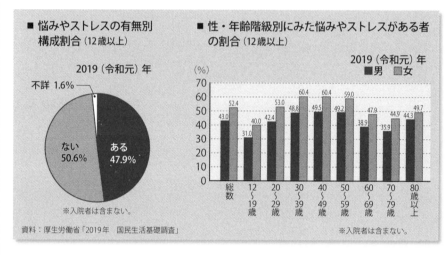

資料：厚生労働省「2019年 国民生活基礎調査」

また、悩みやストレスの原因には、「自分の仕事」に関することや、「人間関係」「収入・家計・借金」「病気や介護」など多くの理由があります。「仕事や職業生活に関するストレス」について、厚生労働省の調査によると、ストレスの内容別の労働者割合は以下のとおりです。

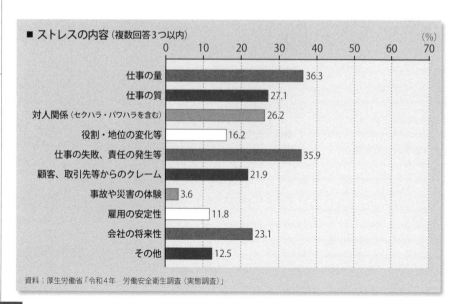

資料：厚生労働省「令和4年 労働安全衛生調査（実態調査）」

【資料】

エゴグラムで性格診断!
今まで知らなかった自分に気づく

本書でも幾度か紹介したエゴグラムは、カウンセリングの現場でクライアントを知る材料のひとつとして大いに活用されています。ここで紹介するのは、実際の現場で使用されているものを基に編集部で独自作成したサンプルです。まずは、自分自身で体験をしてみてください。

エゴグラムって？

　エゴグラムとは、エリック・バーンが始めた交流分析の理論を基にアメリカの心理学者J.M.デュセイが開発した自己分析図です。自分の性格傾向をよく知ることで、その特性を活かしたり、対人関係でのトラブルのパターンを明らかにしたりして、よりよい社会生活を送ることを目的として使用されています。交流分析では、人はみな内部に「親（Parent＝P）」「大人（Adult＝A）」「子ども（Child＝C）」の3つの自我状態があるとします。3つは全体としてバランスを保っていることが望ましいとされていますが、人によってはそのいずれかが強く反応します。エゴグラムではこれらを数量化してグラフに示し、視覚的につかめるようにします。

やってみよう！

あまり考えすぎずに答えましょう。　　　YES＝○　NO＝×　どちらでもない＝△

1

- [ ] 1　どんなことでも、ちゃんとしないと気が済まない方だ。
- [ ] 2　人の過ちをなかなか許せない。
- [ ] 3　責任感は強い方だ。
- [ ] 4　自分の主張を曲げず、最後まで押し通す。
- [ ] 5　親のしつけは厳しかった。
- [ ] 6　正しいことは、ベストだと思う。
- [ ] 7　子どもや部下、後輩などを厳しくしつける。
- [ ] 8　「〜すべきである」「〜でなければならない」などとよく言う。
- [ ] 9　権利を主張する前に義務を果たす。
- [ ] 10　お金や時間にルーズな人は許せないと思う。

2

- [ ] 1　困った人を見ると助けてあげたい。
- [ ] 2　人の長所をほめられる。
- [ ] 3　他人の世話をするのは好きな方だ。
- [ ] 4　融通がきく方だ。
- [ ] 5　落ち込んでいる人を見るとなぐさめる。
- [ ] 6　後輩や子どもをかわいがる。
- [ ] 7　「あなたに会うとホッとする」と人によく言われる。
- [ ] 8　能力に関係なく、人はみな幸せになる権利があると思う。
- [ ] 9　人に何かあげるのは好きな方だ。
- [ ] 10　道を聞かれたら親切に教える。

3

- [ ] 1 自分の感情 (特に怒り) をコントロールできる。
- [ ] 2 何かを始める前に人の意見を聞く。
- [ ] 3 よく自分の損得を考えて行動する。
- [ ] 4 自分の体調に敏感である。
- [ ] 5 新聞や本をよく読む。
- [ ] 6 どちらかというと、情緒的というより論理的だ。
- [ ] 7 物事をテキパキと片づける方だ。
- [ ] 8 現在を大切にしながら未来のことを考えている。
- [ ] 9 家族や職場でよく話し合う。
- [ ] 10 どんなことでも事実に基づいて判断する方だ。

4

- [ ] 1 みんなでにぎやかにはしゃぐのが好き。
- [ ] 2 おしゃれをして、みんなに見られるのが好き。
- [ ] 3 「かっこいい!」「すごい!」などの感嘆詞をよく使う。
- [ ] 4 言いたいことは、わりあいストレートに表現する。
- [ ] 5 嬉しいときや悲しいときはすぐ表情に表す方だ。
- [ ] 6 他人が持っているものをすぐ欲しがる。
- [ ] 7 異性に自由に話しかけることができる。
- [ ] 8 冗談を言うのは好き。
- [ ] 9 美しいもの、芸術、自然などが好き。
- [ ] 10 直感的である。

5

- [ ] 1 言いたくても、我慢してしまう方だ。
- [ ] 2 いつも人に良く思われたい。
- [ ] 3 人の顔色や言ったことがいつまでも気になる。
- [ ] 4 嫉妬心は強い方だ。
- [ ] 5 たまに猛烈に攻撃的になる。
- [ ] 6 自分の意見より相手の意見に従う方だ。
- [ ] 7 遠慮がちで、消極的だ。
- [ ] 8 緊張したり、オドオドしたりする。
- [ ] 9 内心は不満でも、表面は満足しているように振る舞う。
- [ ] 10 自分はいつも損ばかりしていると思う。

資料

エゴグラムで性格診断!

エゴグラムチェックシート

○＝2点　△＝1点　×＝0点

1（CP）				2（NP）				3（A）				4（FC）				5（AC）			
	○	△	×		○	△	×		○	△	×		○	△	×		○	△	×
1				1				1				1				1			
2				2				2				2				2			
3				3				3				3				3			
4				4				4				4				4			
5				5				5				5				5			
6				6				6				6				6			
7				7				7				7				7			
8				8				8				8				8			
9				9				9				9				9			
10				10				10				10				10			
計				計				計				計				計			

エゴグラムグラフ

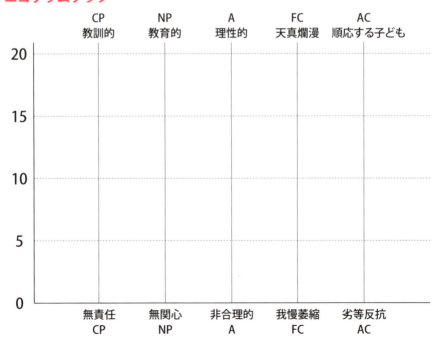

親の自我状態（Parent：Ｐ）

　Ｐは、幼い時に父母やそれに準ずるような人たちが感じたり、考えたり、行動したりしたことがメッセージとなってその人の中に取り入れられたものです。

①批判的なＰ（Critical Parent：CP）

理想、良心、責任、批判などの価値判断や倫理観など、父親的な厳しい部分を主とします。創造性を抑え、偏見的・懲罰的で厳しい面が多い反面、社会秩序を維持したり理想を追求したりする能力に長けているといえます。

②養育的なＰ（Nurturing Parent：NP）

共感、思いやり、保護、受容などの子どもの成長を促すような母親的な部分をいいます。他人に対して受容的で相手の話に耳を傾けようとしますが、その度合いが強すぎると親切の押し売りやおせっかいとなり、相手の過度の依存や義務感・反発を招いたり、自立や独立心を抑制したりしてしまう可能性があります。

大人の自我状態（Adult：Ａ）

　Ａは、事実に基づいて物事を判断しようとする部分です。Ａが主導権を握っている時には、Ｐの偏見、Ｃの感情がコントロールされて、統合的で適応性に富み、創造力も高まります。Ａ的な思考態度は日常生活では必要なことですが、過度になると、感情欠如、無味乾燥で退屈な人間のように思われかねません。

子どもの自我状態（Child：Ｃ）

　Ｃは、本来的な人間の姿であり、いわば本能的な欲求や感情などの生命の原点です。

①自由なＣ（Free Child：FC）

親の影響を全く受けていない、生まれながらの部分で、快感を求めて天真爛漫に振る舞います。自由奔放で直感的、ユーモアがあり、好き嫌いがはっきりしています。しかし、あまりにFCが強いと、社会の価値観や道徳を無視するため、自己中心的になり、周囲との協調性に欠けてトラブルを起こしやすくなります。

②順応したＣ（Adapted Child：AC）

人生早期に周囲の人たち（特に母親）の愛情を失わないために、子どもなりに身につけた処世術の部分です。親たちの期待に沿うように常に周囲に気兼ねし、自由な感情を抑える「いい子」の部分です。ACが高い人は我慢や妥協をしたり、他人に対して寛大であったりするという長所があります。しかし、ほとんど全てのことに従ってしまうので、時には鬱積した不満が一気に爆発して攻撃的に豹変したり、逆に、すねるような屈折した甘えを示したりすることもあります。

資料

エゴグラムで性格診断！

161

グラフを読み取る

①いちばん山の高い部分に注目

グラフ上でいちばん山の高い部分は、問題が生じたときやストレスを受けたときに、すぐに反応する自我状態の部分です。

②いちばん低い谷の部分に注目

性格上のエネルギーが特に弱い部分です。極端に低い場合は、人間関係などでの問題の原因がそこにある場合が多いと言えます。

③CPとNPのバランスに注目

CPとNPの合計点の差が少ない場合は問題が少ないですが、差が極端な場合には問題が生じやすいと言われています。CPが低くNPが高くその差が極端な場合は、善悪の判断は苦手であるが、仲間・友人の面倒はよく見るタイプ。逆に、CPが高くNPが低い場合は、批判的で人に対する思いやりに欠けるタイプ。

④FCとACのバランスに注目

FCが高くACが低くその差が極端な場合には、わがままで無責任、社会に順応するのが苦手なタイプ。逆にFCが低くACが高い場合は、劣等感が強く、本当の自分を無理に抑えているため、心身に無理が生じやすいと言われています。

⑤全体の形に注目

バランスのとれた望ましい形は、各要素の合計点が10以上で極端に低い落ち込みがなく、なだらかな一直線、穏やかなへの字型、高低差の少ないM字型、穏やかな山型などです。極端に低い谷の部分を引き上げて、なだらかな形になるように努力すると、問題を減らしたり、よりよい人間関係などを作れたりする可能性があります。

　次によいバランスを作るためのポイントを紹介します。

よいバランスを作るためのポイント

	態　度	多用するように心がける言葉
CPを高める方法	自分の考えを主張し、時には批判をしてみる。金銭や時間にルーズなことをされた場合、その場で指摘してみる。いったん決めたことは最後までやり遂げる。	「～しなければならない」「私は～と思います」
NPを高める方法	家族や友人の面倒をよく見る。相手の立場に立って考えてみる。人の長所をほめる。	「お気持ちはよくわかります」「ごくろうさま」「すばらしいですね」
Aを高める方法	日記など自分の考えを文章化してまとめてみる。感情に流されず、客観的に事実を確認する。結末を予測して、状況を把握する。	「何が問題なのですか」「もう少し詳しく説明してください」「つまり、○○ということですか」
FCを高める方法	気持ちを素直に表現する。冗談を言う、笑う。上手に気分転換する。芸術・娯楽を楽しみ、自分でも表現してみる。	「わぁ～すごい！」「おいしいね！」「すてきだな！」「楽しい！」「きれいだ！」
ACを高める方法	人が話しているときはよく聞く（他人の言葉をさえぎらない）。話す前に相手の顔色を見る。相手の気持ちや感想を聞く。遠慮・妥協をしてみる。	「こんなこと言ってもいいでしょうか」「気を悪くしませんでしたか」「大丈夫ですか」「すみません」

162

エゴグラム　早見表

①NPがピークのへの字型

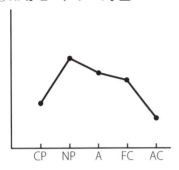

自分も相手も肯定でき、明るく建設的。

②NPとACが高いN字型

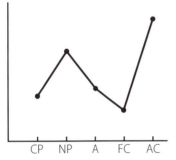

自分に自信はないが、相手は認め、周りに気をつかう。

③CPとFCが高い逆N字型

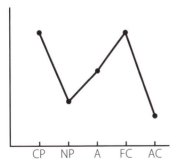

人には批判的で自分には甘いうぬぼれ屋。

④NPとAとFCを底にしたU字型

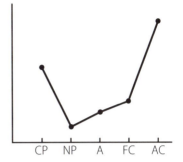

自分に自信がなく、相手に対しても疑い深い。

⑤NPとFCが高いM字型

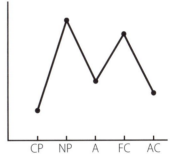

温厚で情が深いが、自分勝手な行動が目立つガキ大将。

⑥NPとFCが低いW字型

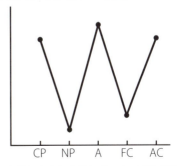

自分にも人にも厳しく、ルーズさを嫌う完璧主義者。

資料　エゴグラムで性格診断！

エゴグラム　早見表

⑦ CPがピークのU字型

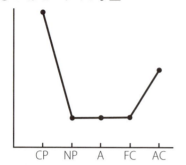

人に厳しく周りには適当に合わせるが、すねて甘えるような未熟さも。

⑧ ACが高い変形V字型

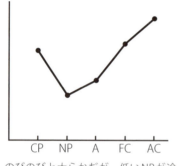

のびのびと大らかだが、低いNPが冷たく疑い深い心を示す。

⑨ CPとAが高い逆N字型

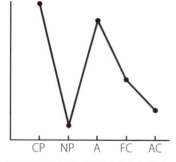

厳格で理知的で、自己中心的なGoing My Way型人間。

⑩ Aがピークの逆V字型

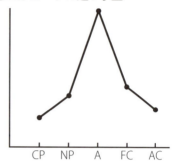

合理主義者であり、周りの言動には左右されないしっかり者。

⑪ FCがほかよりやや高めの山型

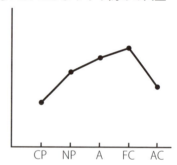

あまり我慢強い方ではないが、のびのびと大らかな明るいタイプ。

⑫ FCがピークでAが低いM字型

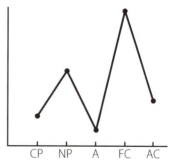

ルールから解放された個性的な自由人。奔放過ぎる態度に節度を。

エゴグラム　早見表

⑬ CPをピークに右下がりの直線型

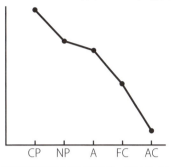

真面目で頑固で冷徹だが、根はやさしく温か。

⑯ FCを谷とするV字型

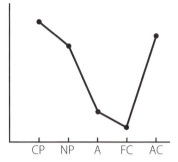

自分を抑えてストレスがたまるいじけタイプ。

⑭ CPとNPの両方のPが高いM字型

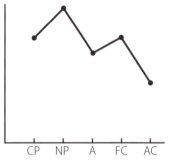

明るく積極的で周りとの調和も保てる外向的人間。

⑰ 全体に高くACへ下がる右下がり型

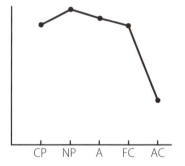

責任感が強く、理想を掲げ人にやさしい親分肌。

⑮ ACがピークの右上がり型

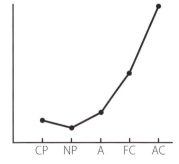

自分に自信が持てず、相手にべったり依存するタイプ。

⑱ 全ての自我が平均的な横一直線型

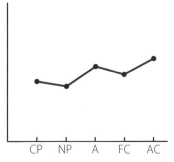

バランスがよくとれていて節度のある安定型人間。

未来のカウンセラーたちへ

　本書を読み終えたあなたはすでにカウンセラーへの第一歩を踏み出しています。
　カウンセリングの基盤にある姿勢は「クライアントとともにいること」です。世の中には自分と異なる感性を持つ人はたくさんいます。カウンセラーとして、クライアントである他者を理解し、ともにいようとすることは、大きな冒険であり、時には挫折と苦痛を伴うでしょう。しかし、それはカウンセラーとして成長する大きなチャンスでもあります。面接中クライアントの味わう苦痛や歓びは、同時に、カウンセラーの苦痛や歓びでもあり、ともに味わうことで、クライアントはもちろんのこと、結果としてカウンセラーも大いに成長するのです。
　これまで本書を通して読者のみなさんとともに歩んでこられたことを、とても嬉しく思います。これからはあなた自身で素晴らしいカウンセラーをめざして歩んでください。

監修者

本書の正誤情報等は、下記のアドレスでご確認ください。
http://www.s-henshu.info/snmh2311/

上記掲載以外の箇所で正誤についてお気づきの場合は、書名・発行日・質問事項（該当ページ・行数）などと誤りだと思う理由・氏名・連絡先を明記のうえ、お問い合わせください。
・webからのお問い合わせ：上記アドレス内【正誤情報】へ
・郵便またはFAXでのお問い合わせ：下記住所またはFAX番号へ
※電話でのお問い合わせはお受けできません。

［宛先］コンデックス情報研究所
『心理カウンセラーをめざす人の本 '24年版』係
　　住　　所　〒359-0042　所沢市並木3-1-5
　　FAX番号　04-2995-4362（10:00 ～ 17:00　土日祝日を除く）

※本書の正誤以外に関するご質問にはお答えいたしかねます。また、受験指導などは行っておりません。
※回答日時の指定はできません。また、ご質問の内容によっては回答まで10日前後お時間をいただく場合があります。
　ご質問の受付期限は、2024年12月末必着といたします。
　あらかじめご了承ください。

監修：新川田　譲（しんかわだ　ゆづる）
　立教大学文学部心理学科卒業。東京国際大学大学院社会学研究科応用社会学専攻修士課程修了。日本学生相談学会所属。臨床心理士。公認心理師。
　埼玉県・石川県スクールカウンセラー、東京大学専任相談員、武蔵大学学生相談室専任カウンセラーを経て、現在法政大学市ヶ谷学生相談室主任心理カウンセラー。

編著：コンデックス情報研究所
　1990年6月設立。法律・福祉・技術・教育分野において、書籍の企画・執筆・編集、大学および通信教育機関との共同教材開発を行っている研究者・実務家・編集者のグループ。

本文デザイン：小比賀 慶美　　本文イラスト：中林 康広

心理カウンセラーをめざす人の本 '24年版

2024年1月10日発行

監　修　新川田　譲
　　　　（しんかわだ　ゆづる）
編　著　コンデックス情報研究所
　　　　（じょうほう　けんきゅうしょ）
発行者　深見公子
発行所　成美堂出版
　　　　〒162-8445　東京都新宿区新小川町1-7
　　　　電話(03)5206-8151　FAX(03)5206-8159
印　刷　大盛印刷株式会社

©SEIBIDO SHUPPAN 2024 PRINTED IN JAPAN
ISBN978-4-415-23785-5

落丁・乱丁などの不良本はお取り替えします
定価はカバーに表示してあります

●本書および本書の付属物を無断で複写、複製(コピー)、引用することは著作権法上での例外を除き禁じられています。また代行業者等の第三者に依頼してスキャンやデジタル化することは、たとえ個人や家庭内の利用であっても一切認められておりません。